呂思勉 著

思

手稿珍本叢刊

中國古代史札録

16

移民

風俗

倫理道德

第十六册目録

移民

風俗

倫理道德

移民

移民提要

「移民」一包札録，内不分札。大部分是吕先生從《晉書》《宋史》《齊書》《梁書》《南史》《北史》《隋書》等史籍上摘出的資料，也有部分是先生讀書籍或報刊雜誌時的筆記。

此包札録，大多按史籍的原文節録，並注明篇名卷第或頁碼。未録史籍原文的，多在題頭下注明材料的出處，如第一頁「旅客不役」注見「左宣十二」，第二頁「遷，使民不安其土」注見「昭廿五」等。第七頁後節録的《晉書》《宋書》《齊書》《梁書》《陳書》《魏書》《南史》《北史》等資料，摘録時已做了文字上的異同比對。如第四二頁注有《魏書》「四下3下」和《北史》「二7上」（即《魏書》卷四下第三頁反面，《北史》卷二第七頁正面），紅筆標出的，就是《魏書》與《北史》在文字上的差異。札録中的第二、七六、七七頁，都有先生加的按語。

移民

旅宿役

右宿一十二旅有施舍

遷民

○楚子使薳射城州屈復茄人焉還復茄人於州屈○屈居勿反一音其勿反茄人音加城丘皇遷訾人焉移訾人於丘皇使熊相禖郭巢季然郭卷使二大夫爲巢卷築郭也卷城在南陽葉縣南○相息亮反禖音梅卷音權或眷勉反爲于僞反子大叔聞之曰楚王將死矣使民不安其土民必憂憂將及王弗能久矣爲明年楚子居卒傳

服苦

遷[illegible]傳[illegible]

勉案平王即位後數遷邑

亦[illegible]民者亦安之生也

移民

張湯本居杜陵安世武昭宣世輒隨陵凡三徙復還杜陵（本傳 漢書五九卷）

漢書何並傳「祖父以吏二千石自平輿徙平陵」（七七卷）

移民

移民原因。受困無以爲生　避亂　避宗教政治壓迫　並善
團體之國贊助　目的地榮業　交通機關簡便　移民援引
親戚
華移民受排斥。一八四八道光廿八美加利福尼亞金礦發見始往
一八八〇光緒六受限制　一八八八光緒十四全禁　在澳一八六六
同治五受排斥
宜於歐人移殖之地。幾全在英人掌握中
移民與氣候。日人移民多在溫帶　中國之地寒冷及熱帶與溫
帶之氣候俱有
殖民必能同化他人而後可。否則嚴格意義只可云屬領　不能稱殖民

移民

英殖民前後之異〇(一)自一六〇三至一七七六為舊殖民制度為母國利益而犧牲其時人口不過四五百萬許移殖且保護之以荷法攻之也是時之所利者以由西荷供給之殖民地產物所自本國之殖民地得之也(二)自一七八三至一八七〇年為自由放任制此時國對殖移主何為舉棄有損(三)自一八七〇至一八九五為反動時期一八五一年澳洲發見金礦一八七〇年後法求殖民地於非重二國意比蘭德皆爭非此時(A)乃因發達殖民與母國接近食料原料供給之價值提高製造品銷場之價殖亦然此九十年遂有太陽不沒大帝國之活動(四)一八九五至一九二〇為建設並新此時德意國與英挑戰一

一八八〇年后非洲分割已盡，開爭移於亞洲(A)俄西伯利鐵道成(B)日本興(C)德國俾英受威脅　舊在均勢之下放任頗嚴益結合勢　英之殖民地有二(一)白人繁殖之區為自治領(二)熱帶及亞熱帶地方以少數英人支配多數有色人■則求(一)防衛(二)貿易利害之共同於是造成經濟同盟(A)原料互相資助(B)各地方間彼此關稅方便(C)緊密海上聯絡

中國殖民之地理方式　東方廿七卷六期

移民

晉書宣帝紀 太和元年……徙孟達餘衆七千餘家於幽州（一斑）

又 四年……表徙冀州農夫佃上邽（一斑）（食貨志作嘉平の年（廿六斑）誤）

又 正始七年。春。正月。吳寇柤中。夷夏萬餘家避寇北渡沔。帝以沔

南近賊。若百姓奔還。必復致寇。宜權留之。曹爽……不從。……

賊果襲破柤中。所失萬計。（一斑）

又文帝紀 甘露三年……吳將唐咨孫曼孫彌徐韶等帥其屬皆

降。……議者吳兵必不爲用。請坑之。帝曰。就令亡還。適見中國

之弘耳。於是徙之三河。（二斑）

又武帝紀 太康元年 孫氏大將戰亡之家徙於壽陽。將吏度江復

十年。百姓及百工復二十年。(三9上)

晉書懷帝紀永嘉五年十一月。猗盧寇太原。平北將軍劉琨不能制。徙五縣百姓於新興。以其地居之。(五4上)

又成帝紀咸康五年。九月。石季龍將夔安……等……略漢東。擁七千餘家。遷於幽冀。(七4上)

又穆帝紀永和十二年八月。桓溫及姚襄戰於伊水。大敗之。襄走平陽。徙其餘衆三千餘家於江漢之間。(八4上)

又哀帝紀興寧二年。慕容塵寇[illegible]許昌。五月。遷陳人於陸以避之。(八6下)

又孝武帝紀太元七年。冬十月。移淮北流人於淮南。(九4上)

晉書杜預傳預克江陵後因上疏稱將士屯戍之家以實江北南郡故地。各樹之長吏。荆土肅然。吳人赴者如歸矣。（兵四部）

又束皙傳時欲廣農。皙上議曰。……又晉魏氏。徙三郡人在陽平頓丘界。今者繁盛。合五六千家。二郡田地逼狹。謂可還徙西州。以充邊土。賜其十年之復。以慰重遷之情。……（兵一部）

又任執傳中州離亂避難來此。日月相繼。分立咸置立興郡以居之。（六兵部）

又蘇峻傳咸和初。懼為劉曜所逼。使將軍宮韓魏慕將兵援隴西南安人二千餘家於姑臧。（兵四部）

又李玄盛傳且渠蒙遜來侵。至於建康。掠三千餘戶而歸。玄盛大怒。率騎追之。及於彌安。大敗之。盡收所掠之戶。初苻堅建元之之未。徙江漢之人萬餘户於敦煌。中州之人。有田疇不闢者。亦徙七千餘户。郭黁之寇武威。武威張掖已東人西奔敦煌晉昌者數千户。及玄盛東遷。皆徙之於酒泉。分南人五千户置會稽郡。中州人五千户置廣夏郡。餘萬三千户。分置武威武興張掖三郡。」(八七頁)

晉書徐邈傳。東莞姑幕人也。祖澄之。為州治中。屬永嘉之亂。與鄉人臧琨等率子弟并閭里士庶千餘家南渡江。家於京口。(九一頁)

又桓溫傳。伐秦。初溫恃麥熟。取以為軍資。而健芟苗清野。軍糧不屬。收三千餘口而還。」(九八頁)　破姚襄。旋軍。遷降人三千

陳家於江漢之首（見八紀）……別遣都陽。石璐曰……宜承
嘉之亂。播流江表者。請一切北徙。以實河南。……（見紀）
晉书桓玄傳 移淮潼蠻二千户於江南。立東寧郡。
要招集流人。立綏安郡。（見九紀）
又劉聰載記 聰將圍長安。劉曜連戰敗績。乃驅士女八萬餘口
退還平陽。因攻司徒傅祗于三渚。……祗病卒。城陷。遷祗孫純粹
并其二萬餘户於平陽縣。（見紀三上）
又劉曜載記 上郡氐羌十餘萬落保嶮不下。羌大虛除權渠自號
秦王。遊子遠降之。曜。以權渠為征西將軍西戎公。分徙伊餘
權渠兄弟及其部落二十餘萬口於長安。（見紀三上）曜西討楊
子

韜於南安。韜懼，與隴西太守梁勛等降於曜。皆封列侯。使侍中喬豫率甲士五千遷韜等及隴右萬餘戶於長安。（八下）曜親征陳安，安敗奔之，徙秦州大姓楊姜諸族二千餘戶於長安。（九上）後趙滅前趙，徙其臺省文武關東流人秦雍大族九千餘人於襄國。（九下）

晉書石勒載記：逯明攻甯黑于茌平，降之。因破東燕酸棗而還。徙降人二萬餘戶於襄國。（十四下）徙平原烏丸展廣劉哆等部落三萬餘戶于襄國。（九上）支雄逯明擊甯黑于東武陽，陷之。黑赴河而死。徙其眾萬餘于襄國。（十四上）邵續使兄子濟攻勒渤海，虜三千餘人而還。（九下）勒攻靳準於平陽小城。平陽大尹

周置羌雜戶六千降於勒。巴帥及諸羌羯降者十餘萬落，徙
之司州諸郡。（同四註）桃豹至遼西，祖逖退屯淮南。徙陳川部衆
五千餘戶於廣宗。（同上）徙晉臣掾屬已上士族者三百戶于襄
國崇仁里，置公族大夫以領之。（同四註）滅晉趙毛，徙氐羌十五
萬落於司冀州。（同上）秦州休屠王羌叛於勒……羌敗奔涼州。
徙秦州夷豪五千餘戶於雍州。（同四註）季龍揆石生，徙雍秦
州華戎十餘萬戶於關東。（同下）
晉書石季龍載記：太原徙人有五百餘戶，叛入黑羌。（同四註）……
……徙遼……遷大戶二萬餘於雍司兗豫四州之地。詔有才
川姚弋仲。（同上）以蒲洪為征討大都督，使持七萬。

寇掠揚州郡。……者……掠七萬戶而還。(略)

鎮東王提表雍秦二州望族。自東徙巳來。遂在戍役之例。既衣冠華胄。宜蒙優免。從之。自是皇甫、胡、梁、韋、杜、牛、辛等十有七姓。蠲其兵貫。一同舊族。隨才銓敘。思郡乃還壽梓甘聽之。其非此等。不得為例。(略)

徙遼西、北平、漁陽等雜戶于定、冀、雍、幽四州之地。(略)

慕容驍掠出冀。略三萬餘家而去。(略)

徙七千餘戶于雍州。以重華

(略)

賊盜蜂起。司冀方饑。人相食。自孝昌末年。而閭尽散倉庫。以樹私恩。與羌胡相結。無日不戰。去雍出劉州徙戶及討氐羌胡羯。雜夷餘黨。多還本土。道路交錯。互相殺掠。且饑疫死亡。甚於逢此。十有二三。詔更務亮。無纂甚此。(略)

今省告西春指

集秦人。将奔关中。闵知之。诛泰。夷其三族。(石)入襄国。诛鉴……

……焚襄国宫室。迁其百姓于邺。(石)

晋书慕容廆载记……攻乞得龟。文字克之。悉虏其众。乘胜拔其国

城。收其资用亿计。徙其人数万户以归。(廆)

又慕容皝载记自征辽东。克襄平……分徙辽东大姓于棘城。置和

阳、武次、西乐三县而归。(皝)……率骑二万。出蠮螉塞。长

驱至于蓟城。进渡武遂津。入于高阳。所过焚烧积聚。掠徙幽冀

三万余户。(皝)亲将二万。亲伐宇文归。……远遁漠北。皝开

地千余里。徙其部人五万余落于昌黎。(皝)封裕……曰……

自永嘉丧乱。百姓流亡。中原萧条。千里无烟。饥寒流陨。相继沟壑

靈。先王以神武聖略，保全一方。威以殄姦，德以懷遠。故九州之人。塞表殊類，襁負萬里。若赤子之歸慈父。流人之多舊土。十倍有餘。人殷地狹。故無田者十有四焉。殿下以英聖之資，克廣先業。南摧強趙。東滅句麗。開境三千。戶增十萬。……句麗百濟及宇文段部之人。皆兵勢所徙。非如中國慕義而至。咸有思歸之心。今戶垂十萬。狹湊都城。恐方將為國家深害。宜分其兄弟宗屬。徙于西境諸城。撫之以恩。檢之以法。使不散在居人。知國之虛實。」（皝載記）

「三年。遣其子儁與恪率騎七千東襲扶餘。剋之。虜其王及部落五萬餘口以還。」（皝載記）

晉書慕容儁載記「明年。（穆帝永和六年）儁率三軍南伐。……徙廣寧上谷

人於徐無、什邑人于凡城而還。（附注）「恪遂克廣固。……徙鮮
卑、胡、羯三千餘戶於薊。」（同上）
晉書慕容暐載記「興寧初。暐復使慕容評寇許昌、懸瓠、陳城。並陷
之。遂略汝南諸郡。徙萬餘戶於幽冀。」（同上）「堅徙暐及其王
公已下并鮮卑四萬餘戶於長安。」（同上）
又苻洪載記「季龍滅石生。洪說季龍。宜徙關中豪桀及羌戎。內實
京師。季龍從之。」（同上）「初健聞溫之來也。收麥清野以待之。故
溫衆大飢。」於是。徙關中三千餘戶而歸。」（同上）
又苻堅載記「堅將張平以并州叛。堅率衆討之。……率……降。……
……徙其所部三千餘戶於長安。」（同上）「自如石季龍載左賢

西衛府掌兵……彭權而降。遂徙其部落六千餘戶於長安。
（注）徙慕容暐及其王公已下諸徙於長安。……徙關東豪桀
及諸雜夷十萬戶于關中。處烏丸雜類於馮翊、北地。丁零翟斌
于新安。徙陳留、東阿萬戶。以實青州。諸因亂流移。避仇遠徙。
欲還舊業者悉聽之（注）。堅既平。堅以關東地廣人殷。思所以
鎮靜之。引其群臣於東堂議曰。凡我族類。支胤彌繁。今欲分三
原、九嵕、武都、汧、雍十五萬戶於諸方要鎮。不忘舊德。為磐石之
宗。於諸君之意如何。皆曰。此有周所以祚隆八百。社稷之利也。
於是分四帥子弟三千戶。以配苻丕鎮鄴。如世封諸侯。為新券
主。……諸戎子弟。離其父兄者。皆悲號哀慟。酸感行人。……於

是分幽州置平州。以石越爲平州刺史。領護鮮卑中郎將。鎮龍城。大鴻臚韓胤領護赤沙中郎將。移烏丸府於代郡之平城。中書梁讜爲安遠將軍幽州刺史。鎮薊城。毛興爲鎮西將軍河州刺史。鎮枹罕。王騰爲鷹揚將軍并州刺史。領護匈奴中郎將。鎮晉陽。二州各配支戶三千。苻暉爲鎮東大將軍豫州牧。鎮洛陽。苻叡爲安東將軍雍州刺史。鎮蒲阪。

初堅即僞位。新平王彫陳說圖讖。堅大悅。以彫爲太史令。嘗言於堅曰。……願徙汧隴諸氐於京師。三秦大戶置之邊地。以應圖讖之言。（下略）

（謂苻讖云……又曰當有艸付臣又土滅東燕破白虜氐在中華在表……）

晉書姚弋仲載記。南安赤亭羌人也。……永嘉之亂。東徙榆眉。戎夏襁負隨之者數萬。……石季龍克上邽。弋仲說之曰。……隴上多豪。秦風猛勁。道隆後服。道洿先叛。宜徙隴上豪強。虛其心腹。以實畿甸。季龍納之。……勒既死。季龍執權。思弋仲之言。遂徙秦雍豪桀於關東。弋仲率步騎數萬。遷於清河。（載記）

晉書姚萇載記……進屯北地。……苻堅先徙晉人李詳等數千戶於敷陸。至是降於萇。（載記）

以大元十一年。萇僭即皇帝位於長安。……徙安定五千餘戶於長安。（載記）

萇以安定地狹。且逼苻登。使姚碩德鎮安定。徙安定千餘家於陰密。（載記）

又姚興載記。徙陰密三萬戶於長安。（載記）

徙新平安定新戶六千於蒲阪。（載記）

遣姚崇寇洛陽。晉河南太守夏侯宗之固守金墉。崇攻之不剋。乃陷柏谷。徙流人西河嚴彥河東裴岐韓[illegible]等二萬餘戶而還。(卅上)呂隆歸降，興徙河西豪右萬餘戶於長安。
(卅上)徙漢中流人郭陶等三千餘家於關中。(五上)盤遣家使彌姐
亭地率其部人西居陰密。劫(掠)百姓。彌興遣姚紹與姚彌軍收亭（禁衛討軍擒擒嶺北）
地遁走。獲其衆七百餘人。徙二千餘戶於鄭城。(卅六下)興寢
•疾。妖賊李弘反於貳原。氐仇常起兵應弘。興親討之。斬
常，執弘而還。徙常部人五百餘戶於許昌。(卅上)
晉書姚泓載記：初興徙李閏羌三千家於安定。尋徙新支。至是羌
酋党容率所部叛還。泓遣撫軍姚讚討之。容降。徙其豪右數百戶
於長安。餘羌遂還李閏。北地太守毛雍據趙氏塢以叛於泓。姚紹
討擒之。姚宣時鎮李閏。未知雍敗。……宣參軍韋宗……說宣。

……宣乃率戶三萬八千。棄李閎。南保祁陵。宣從西移。謀遷據

李閎以叛。紹進討破之（徙於并州榮陽二城）。故叛萬落叛

彭。又於平陽。攻立義姚國。走於匈奴堡。推匈奴曹弘為大單于。

所在將援。征東姚襄自蒲坂討弘。斬於平陽。大破之。執弘送於

長安。徙其豪右萬五千落於雍州（止）……劉嶽……伏誅……

一姚弋……言於彭曰。晉師已過許昌。豫州危。拓遠。乘輕騎

衛。宜還討鎮戶。內實多藏。可因其兵十萬……假使二寇交侵。

無保害也。如其不爾。晉侵豫州。勒之寇宮城。收蓄之河。……

吏部郎攀據於彭曰。宜以挾於廣平之際。有思勤於陛下。

自陳方請兆從徙。未有據實。以管其意。今所謂之北地。如則

不隳舊程。無容人自以招危亡禍。邪巴西遷地。十室而九。若摧
精兵之策。韓門而向京師。得不爲社稷之憂乎。宜徵其舊族。以
附一七八。（注）

晉書李雄載記：遣李國李雲等率衆二萬寇漢中。梁州刺史張殷
奔於長安。國等陷南鄭。盡徙漢中人於蜀……西夷校尉李穀
固守不降。雄遣寧夷使討之。穀病卒。城陷。殺壯士三千餘人。
送婦女千口於成都。（附注）李壽載記：……以郊甸未實。都邑空
虛。工匠器械。事未充盈。乃徙旁郡戶三丁已上。以實成都。（注）
又呂光載記：初光徙西海郡人於諸郡。至是謠曰。朔馬心何悲。念
舊中心勞。燕雀何徘徊。意欲還故巢。頃之。遂相扇動。復徙之於

西河集部（證地）

嘗從蔡安塞軍記。從徐羽儀入也。千餘戶總兵襄陽（證地）

又云：從鄭同知觀記，嘗遣撤體討荊地區。……地兵事畢出降。……從

共頭諸總花川。……又從劉國駐陽西安滁南謝所。從三萬及

千戶總花川總兵（證地）　又從劉與朝同攻撫于伯陽堡。王

懷于承滁城。從の千餘戶總花川。三千餘戶于渾部。[illegible]氣

協寧等城三萬征西甚彭劉虔　手總兵。……入總兵將見戶一

萬三千。娶　樓船入寧鄉。……從武當与共分武及百總萬餘

戶總兵。……又當遣畫遺歸總壽等率揚一萬伏兵于上郡。

壘遠進攝蘭水。又距戰。大敗之。共奔上郡。壘遠進屯。大利。破楚

至大元二年。徙五千餘戶於撫州。……徙蒙古三千戶於撫州。

(61)

晉書馮跋載記。遣其太常劉軒徙北部人五百戶於長谷。為祖父園邑。……先是河間人褚匡言於跋曰。陛下至德應期。龍飛東夏。舊邦宗族。傾首朝陽。以日為歲。若聽臣往迎。致之不遠。跋曰。隔絕殊域。阻迥數千。將何可致也。匡曰。章武郡臨海。船路甚通。出於遼西臨渝。不為難也。跋許之。……匡尋與跋從兄買從弟睹自長樂率五千餘戶來奔。

晉書禿髮利鹿孤載記。……祠部郎中史暠對曰。……今不以綏寧為先。惟以徙戶為務。安土重遷。故有離叛。……

……攻呂隆昌松太守孟禕於顯美。剋之。……徙顯美麗靬二千
餘戶而歸。(注) 傉檀僞游澆河，襲徙西平湟河諸羌三萬餘戶
於武興番禾武威昌松四郡。(注) ……伐沮渠蒙遜。……歸。……
……乃與蒙遜動之戰于陽武。為蒙之所敗。……傉檀慮東西寇
至。徙三百里內百姓入于姑臧。國中駭怨。屠各成七兒因百姓
之擾也。率其屬三百人叛傉檀於北城。……(上) 遣其左將軍
枯木駙馬都尉胡康伐沮渠蒙遜。掠臨松人千餘戶而還。(注)
蒙遜進圍姑臧。……傉檀遣使請和。蒙遜許之。……蒙遜徙其
衆八千餘戶而歸。(注) ……遷於樂都。……蒙遜因剋姑臧之威
來伐。傉檀遣其安北段苟左將軍雲連乘虛出番禾以襲其後。

徙三千餘家於西平。蒙遜圍樂都。三旬不剋。……以子安周為質。蒙遜引歸。……傉檀不從……伐蒙遜。……至番禾苕藋。掠五千餘戶。其將屈右進曰。陛下轉戰千里。前無完陣。徙戶資財。盈溢衢路。宜倍道旋師。早度峻險。蒙遜善於用兵。士衆習戰。若輕軍卒至。出吾慮表。大敵外逼。徙戶內叛。危之道也。衛尉伊力延曰。我軍勢方盛。將士勇氣百倍。彼徒我騎。勢不相及。若倍道旋師。必捐棄資財。示人以弱。非計也。……俄而昏霧風雨。蒙遜軍大至。傉檀敗績而還。(下略)

久之。蒙遜遣安西紇勃耀兵西境。蒙遜侵西平。徙戶。掠牛馬而還。(下略)

蒙遜又攻樂都。二旬不剋。而還。鎮南文支以■湟河降。蒙遜徙五千餘戶於姑臧。(下略)

晉書慕容德載記：德兄子麟自義臺奔鄴。因説德曰：中山既沒。魏必乘勝攻鄴。雖糧儲素積。而城大難固。且人情沮動。不可以戰。及魏軍未至。擁衆南度。就魯陽王和。據滑臺。而聚兵積穀。伺隙而動。計之上也。魏雖拔中山。勢不久留。不過驅掠而返。人不樂徙。理自生變。然後振威以援之。魏則內外受敵。使燕然之士。有所依憑。廣固恩信。招集舊黨。可一舉而取之。先是慕容和亦勸德南徙。於是許之。隆安二年。乃率戶四萬。車二萬七千乘。自鄴……徙于滑臺。（卷百廿七）

又沮渠蒙遜載記：蒙遜遣諸將攻湟嚴格當和。不克。遷其五百餘戶而還。（卷百廿九）

蒙遜率其將之衆伐秃髮傉檀……至顯美。提戰千户而还。当遇而为苦猩。遣冠军伏恩率将三万骑寇和乌啼二虏。大破之。俘二千余落而还。

晋书赫连勃勃载记勃勃又攻兴将金洛生于黄石固。弥姐豪地于我罗城。皆拔之。徙七千余家于大城。勃勃又攻兴将姚寿都于清水城。寿都奔上邽。徙其人万六千家于大城。进攻姚兴将党智隆于东乡。降之。……徙其三千余户于贰城。

又庾翼传时东土多赋役。百姓乃从海道入广州。刺史邓岳大开鼓铸。诸夷因此知造兵器。翼表陈东境国家所资。侵扰不已。逃逸渐多。夷人常伺隙。若知造铸之利。将不可禁。（七三 8上）

宋书文帝纪元嘉二十二年雍州刺史武陵王骏讨缘沔蛮。移一

萬四千餘口於京師（宋9上）

又二十六年詔曰：京口……實惟舊鄉，地兼蕃重，宜令殷阜，式崇

形望。可募諸州樂移者數千家，給以田宅，並蠲復。（宋5上）

又二十八年三月，徙彭城流民於瓜步，淮西流民於姑孰，合萬許

家。（宋5上）

宋書褚叔度傳：景平二年，富陽孫氏聚合門宗，謀為逆亂……賊

平。吳郡太守江夷輕之，不設傳吳一宿。遣子富陽，分別善惡，執

送郡。徙賊餘黨數百家於彭城、壽陽、青州諸處。（宋五二7上）

又孔靈符傳：子靈符，世祖大明初……入為丹陽尹。山陰縣土境褊

狹，民多田少，靈符表徙無貲之家於餘姚、鄞、鄮三縣界，墾起湖

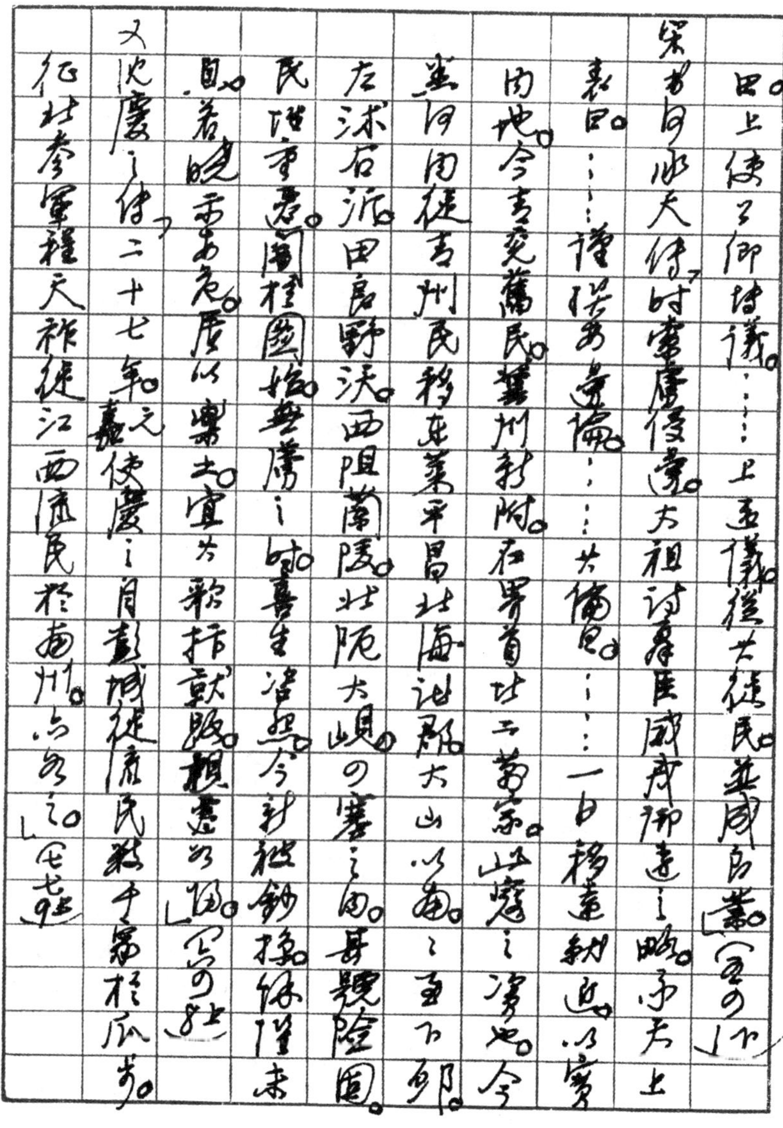
曰。上使子仰諸議。……上盍議。從大徙民。並咸白叢。」（三四下）

宋書何承天傳：時索虜侵邊。太祖訪群臣威戎御遠之略。承天上表曰。……撰安邊論。……其備曰。……一曰移遠就近。以實内地。今青兗舊民。冀州新附。在界首者二萬家。此寇之資也。今悉可内徙青州民移東萊平昌北海諸郡。大山以南。之至下邳。左沭右沂。田良野沃。西阻蘭陵。北阨大峴。四塞之内。其號險固。民性重遷。闇於圖始。無虜之時。喜生咨怨。今新被鈔掠。餘懼未息。若曉示安危。居以樂土。宜其歌抃歡娛。絕無怨言。」（三四上）

又沈慶之傳：二十七年。之嘉使慶之自彭城徙流民數千家於瓜步。征北參軍程天祚徙江西流民於南州。亦如之。」（七七下）

宋書索虜傳：晉初，索頭種有部落數萬家，在雲中。惠帝末，并州刺史東嬴公司馬騰於晉陽爲匈奴所圍，索頭單于猗㐌遣軍助騰。懷帝永嘉三年，㐌弟盧率部落自雲中入雁門，就并州刺史劉琨求樓煩等五縣。琨不能制，且欲倚盧爲援，乃上言：盧兄㐌有救騰之功，舊勳宜録，請移五縣民於新興，以其地處之。（五上）

宋書天文志：永和七年，劉顯殺石祗，及諸胡帥，中土大亂，戎晉十萬數，各還舊土，互相侵略，及病疫死亡，能達者十二三。（卌八上）

又五行志：晉孝武帝太元五年，大水。去年氐賊攻沒襄陽，又向廣陵。於是遷徙江淮民，悉令南度，三州失業，道殣相望。（卌三上）

又州郡志：南徐州刺史，晉永嘉大亂，幽冀青并兗州及徐州之淮北流民相率過江，亦有過江在晉陵郡界者。晉成帝咸和四年，司空郗鑒又徙流民之在淮南者於晉陵諸縣。其徙過江南及留在江北者，並立僑郡縣以司牧之。

東晉僑州僑有徐兗幽冀青并揚七州郡邑。可見其時人民遷移之盛。（冊五69）

又東晉琅邪太守。晉元帝琅邪國人隨元帝過江千餘户。

成帝咸康元年立郡。（冊五71）

又晉書濟岷郡云。魏平蜀。徙蜀豪將家於濟河。故立此郡。安帝義熙中土斷並省焉。（冊五71）

又宋書垣宗祖傳：下邳人也。族姓豪强。石虎世自略陽徙之於鄴。曾祖敞，為慕容德吏部尚書。祖苗。宋武征廣固，率部曲歸降。何家

下邳（四六五）

南史宋文帝紀元嘉十四年爲四月。罷併僑郡縣，遷之建鄴。（二）邳宋書紀不載

又二十八年十一月。壬寅。曲赦二兗徐豫青冀六州。徙彭城流民於瓜步。淮西流民於姑孰。合萬許家。（二）邳宋書無此

又陳宣帝紀大建十一年十二月。乙丑。南北兗晉三州及盱眙山陽、陽平、馬頭、秦、歷陽、沛、北譙、南梁等九郡民並自拔南建鄴。本則淮北僑十四。自是淮南之地。居擁雜同矣。（十二上）陳書八

晉書祖逖傳。及京師大亂。逖率親黨數百家避地淮泗。所乘車馬載同行老疾。躬自徒步。藥物衣糧與眾共之。又多權略。是以

少長咸宗之。推逖為行主。（六二7下）

晉、方劉弘付：于時流人在荊州十餘萬戶。羈旅貧乏。多為盜賊。弘乃給其田種糧食。擢其賢才。隨資敘用。（六六2上）

又郗鑒付：高平金鄉人。於時所在饑荒。州中之士素有感其恩義者。相與資贍。鑒復分所得。以賉宗族及鄉曲孤老。賴而全濟者甚多。咸相謂曰。今天子播越。中原無伯。當歸依仁德。可以後亡。遂共推鑒為主。舉千餘家。俱避難於魯之嶧山。（六七6上）

又……遷……兗州刺史……鎮廣陵……咸和初。領徐州刺史。

……寢疾上疏……臣所統錯雜。率多北人。或逼遷徙。或是新附。百姓懷土。皆有歸本之心。臣宣國恩。示以好惡。處與田宅。漸內少安。閔臣疾篤。寵情驕動。若肯此度。必啟寇心。太常臣淳。……之請，可以為都督徐州刺史。臣亦見真晉陵內史遵。……堪任兖州刺史。……（卷七七）

晉書庾翼傳：時東土多賦役。百姓乃從海道入廣州。刺史鄧岳大開鼓鑄。諸夷因此知造兵器。（七三卷）

褚翜率衆[illegible]東下說上郭秀等互相攻擊。見晉書本傳（七七卷）

庾袞率同族及庶姓保禹山。數對拒戰。見晉書本傳（八八卷）

杜弢因巴蜀流人以叛。見晉書本傳（百卷）

陳書蕭允傳：弟引。侯景之亂。譔元帝為荊州刺史。朝士多往歸之。引曰。諸王力爭。禍患方始。今日逃難。未是擇君之秋。吾家再世为治理郡。遗爱在民。臣可南行。以存家门耳。於是與弟形及宗親百餘人南奔[illegible][illegible]。（廿一[illegible]）

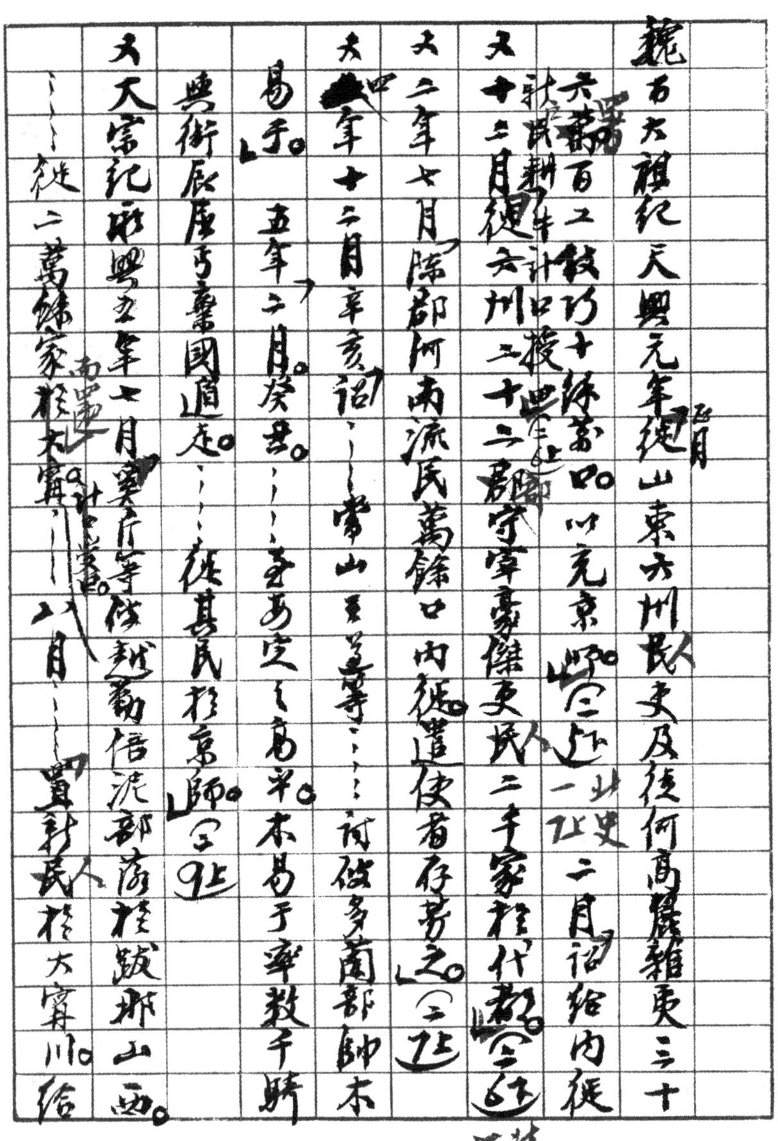

農器。計口受田。（三 21下）一 北史

又泰常三年四月已巳。徙冀定幽三州徒何於京師。（三 41下）一 北史

又五月車駕東巡。至桂濡源。及甘松。還……長孫道生十率精騎二萬襲馮跋。……至龍城。徙其民萬餘家而還。（三 42上）一 北史

又世祖紀始光三年十一月戊寅。帝率輕騎二萬襲赫連昌。壬午。至其城下。徙萬餘家而還。（四上 21上）二 北史

又神䴥二年伐蠕蠕……高車……十月。……列置新民於漢南。東至濡源。西暨五原陰山。竟三千里。詔司徒平陽王長孫翰尚書令劉絜左僕射安原侍中古弼鎮撫之。（四上 下）二 北史

又延和元年六月。庚寅。車駕伐和龍。……九月。乙卯。車駕西還。徙

營丘成周遼東樂浪帶方玄菟六郡民三萬家於幽州。開倉以振之。（同上紀）北史二紀

又二年六月。遣……討和龍。將軍樓勃別將五千騎圍凡城。文通守將封羽以城降。收其民三千餘家。（同上紀）

又三年六月辛亥。……永昌王健……討和龍。芟其禾稼。徙民而還。（同上紀）

又太延元年二月。詔長安及平涼民徙在京師。其孤老不能自存者。聽還鄉里。（同上紀）北史二紀

又六月。戊申……樂平王丕等……伐文通……七月。……丕等至和龍。徙男女六千口而還。（同上下紀）北史二紀

又四年十月……徙代州民三萬餘家於京師。(同上卷下)案是時滅沮渠牧犍(北史二作)

又太平真君五年六月。北部民殺立義將軍衡陽公莫孤率五千餘落北走。追擊於漠南。殺其渠帥。餘徙居冀定相三州爲營戶。(同上卷下)

又六年二月。西至吐京。討徙叛胡。出配郡縣。(同上卷下)

又四月。詔秦州刺史天水公封敕文擊慕利延兄子什歸於枹罕。(北史二作)

……六月……什歸聞軍將至。棄城夜遁。秋八月丁亥。封敕文入枹罕。分徙千家還上邽。(同上卷下)

又徙諸種雜人五千餘家於北邊。令民北徙畜牧至廣漠。以餌蠕蠕。(同上卷下)(北史二作)

魏書世祖紀太平真君六年十一月，遷六州兵勇猛者二萬人，使
永昌王仁、高涼王那分領爲二道，各一萬騎，南略淮泗以北，徙
青徐之民以實河北。（同下延）二北史71上
又七年二月，永昌王仁至高平，擒劉義隆將王章，略金鄉、方與，遷
其民五千家於河北。高涼王那至濟南東平陵，遷其民六千餘
家於河北。（同下延）三月，徙長安城工巧二千家於京師。（北）二北史72上
又八年三月，徙定州丁零三千家於京師。（同下延）
又正平元年三月己亥，輿駕至自南伐，飲至策勳，告於宗廟，以降
民五萬餘家分置近畿。（同下延）二北史8上
又顯祖紀皇興三年五月，徙青州民於京師。（同下延）二北史10下

魏書高祖紀延興元年十月，丁亥，沃野統萬二鎮敕勒叛，詔太尉隴西王源賀追擊，至枹罕，滅之，斬首三萬餘級，徙其遺迸於冀定相三州為營戶。（卷七上）北史三上

又二年三月，連川敕勒謀叛，徙配青徐齊兗四州為營戶。（卷七上）北史三下

又大和元年二月，丙寅，涇川民泉會譚當等相率內屬，處之并州。（卷七上）北史

又十七年五月，襄陽蠻酋雷婆思等率其部一千三百餘戶內徙，居於太和川。（卷七下）北史三下

又孝靜紀天平元年十一月庚寅，車駕至鄴。……徙鄴舊人西徑百里，以居新遷之人。（卷十二）北史五下

大興和二年夏。五月。己酉。西魏行臺宮延和、陝州刺史宮元慶率戶內屬。置之河北。新附賑廩多有差。北史五

又昭成子孫傳秦明王翰昭成之子翰弟孫禎……時爲豫州刺史。淮南千人。相率投附者。三千餘家。置之城東汝水之側。名曰歸義坊。卷十五 北史

又初豫州城豪胡丘生數與外交通。及禎爲刺史。丘生嘗有犯。懷恨圖爲不軌。詐以據遣城人告云。刺史欲遷城中大家送之向代。共謀翻城。城人石道起以事密告禎。速掩丘生。并諸預謀。禎曰。吾不負人。人何以叛。但丘生誑誤。若即收掩。衆必大懼。吾靜以待之。不久自當悔服。語未訖。而城中三百人。自縛詣州門。

陳正生濁諸之罪。正生單騎逃之。禎知而不問。（甲十五）（北史）

又常山王遵（昭成子壽鳩之子）子素。休屠郁原等叛。素討之。斬渠率。徙千餘家於涿鹿之陽。立平原郡以處之。（甲十五）（北史）

又道武七王傳河間王脩傳。世祖以河南王曜之子羯兒襲脩爵。改封略陽。與永昌王健督諸軍討禿髮保周於番和。徙其民數百家於京師。因與諸將私自沒入。坐貪暴。降爵為公。（甲十六上）

又莫含傳子顯之子題。太祖使題與將軍王建等三軍討慕容寶廣寧大守劉亢泥。斬之。徙亢泥部落於平城。（甲二十三上）

又劉庫仁傳。庫仁西征庫狄部。大獲畜産。徙其部落。置之桑乾川。

（四廿三卅）

大庫仁子顥，衛辰與慕容垂通好，送馬三千匹於垂。垂遣慕容良迎之。顥擊敗良軍，掠馬而去。垂怒，遣子麟、兄子楷討之。顥奔馬邑西山。麟輕騎追之。後奔慕容永於長子。部衆來降於麟。麟徙之中山。（四二廿）

魏書崔玄伯傳：太祖征慕容寶，次於常山，玄伯棄郡東走海濱。太祖素聞其名，遣騎追求，執送於軍門。引見，與語，悅之。以為黃門侍郎，與張袞對總機要，草創制度。……及車駕還京師。次於恒嶺，太祖親登山頂，撫慰新民。適遇玄伯扶老母登嶺，太祖嘉之，賜以牛米。因詔諸徙人不能自進者，給以車牛。（四四廿）北史廿一

魏书崔道固（崔玄伯付）设以宁朔将军冀州刺史。移镇历城。刘彧既杀
子业自立。徐州刺史薛安都与道固等举兵推立子业弟子勋。
〻〻败。乃遣表归诚。显祖以为安南将军冀、州刺史清河公。刘
彧遣说道固。以为前将军徐州刺史。复叛受彧命。皇兴初。显祖
诏征南大将军慕容白曜围筑长围以守之。■反白曜攻其城东
郭。道固面缚请罪。〻〻〻诏赦其死。乃徙青齐士望共道固守城
者数百家于桑乾。立平齐郡于平城西北〻新城。以道固为太
守。〻〻〻寻徙治京城西南二百余里旧阴馆之西。其时颇严不
登。郡内饥散。道固虽在任积年。抚慰未周尽。是以多有逃散。
田の址 のの址 止

魏书長孫肥傳 中山平。：：时中山大守仇儒不樂內徙。亡匿趙
郡。推羣盗趙準為主。：：聚黨二千餘人。據關城。連引丁零。殺
害長吏。扇動常山鉅鹿廣平諸郡。遣肥率三千騎討之。破準於
九門。斬仇儒。生禽準。詔以儒肉食準。傳送京師。轘之於市。夷其
族。（卷廿六）时道武 北史廿二
又庾業延傳 後賜名岳。：：雜石故帥呼延鐵西河胡帥侯崇等
不樂內徙。聚黨反叛。岳率騎三千討破之。斬鐵。擒崇。搜山窮討
散其餘黨。时大祖（卷廿八）
又娥清傳 先是徒河民散居三州。頗為民害。詔清徙之平城。清善
綏撫。徙者如歸。（卷卅）

又周觀傳：真君初，詔觀統五軍西討禿髮保周於張掖，徙其民數百家，將置於京師，至武威，輒與諸將私分之，世祖大怒，黜觀為金城侯。（四卅）

又于栗磾傳：子洛拔，會隴西屠各王景文等恃險竊命，私署王侯，高宗詔洛拔與南陽王惠壽督四州之衆討平之，徙其惡黨三千餘家於趙魏。（四卅一）

又張濟傳：先是姚興遣將攻洛陽，司馬德宗雍州刺史楊佺期遣使乞師於常山王遵，遵以狀聞，太祖遣濟為遵從事中郎報之。濟自襄陽還，太祖問濟江南之事，濟對曰……佺期……曰：魏定中山，徙幾戶於北？濟答：七萬餘家。（四三）

此史迄止

魏書崔浩傳。世祖蒐於河西。詔浩詣行在所議軍事。浩表曰……

昔平涼州。臣愚以為北賊未平。征役不息。可不徙其民。案前世故事。計之長者。若遷民人。則土地空虛。雖有鎮戍。適可禦邊而已。至於大舉。軍資必乏。陛下以此事闊遠。竟不施用。如臣愚意。猶如前議。募徙豪強大家。充實涼土。軍舉之日。東西齊勢。此計之得者。（四五北）北史

大司馬楚之傳。及劉裕自立。楚之規欲報復。收衆據長社。歸之者常萬餘人。……大宗末。……奚斤略地河南。楚之遣使請降。……奚斤既平河南。以楚之所率戶民。分置汝南、南陽、南頓、新蔡四郡。以益豫州。（四五北）

魏書司馬景之傳兄準以泰常末率三千餘家赴闕。(卅七上)

又司馬叔璠傳長子靈壽陳陳郡太守。劉義隆侵境，詔靈壽招引義士。得二千餘人。從西平公安頡攻克虎牢滑臺河陽三城。徙其百餘家入河內。(卅七上)

又陸俟傳又與高涼王那渡河南略地，至濟南東平陵。徙其民六千家於河北。(四十上)

又源賀子恭傳除……豫州刺史。……武泰初。……子恭勒衆渡淮。徙民於淮北。立郡縣。置戍而還。(四一上)

又寇讚傳姚泓滅，秦雍人千有餘家。推讚為主歸順。拜綏遠將軍魏郡太守。其後秦雍之民來奔河南滎陽河內者。戶至萬數。拜讚

綏遠將軍、南雍州刺史、軹縣侯。治於洛陽，立雍州之郡縣以撫之。由是流民襁負，自遠而至，三倍於前。（四二下）

魏書韓秀傳：延興中，尚書奏以敦煌一鎮，介遠西北，寇賊路衝，慮或不固，欲移就涼州。群官會議，僉以爲然。秀獨謂非便，曰：此蹙國之事，非闢土之宜。愚謂敦煌之立，其來已久。雖土隣彊寇，而兵人素習，縱有姦竊，不能爲害。循常置戍，足以自全。進斷北狄之覬覦，退塞西夷之闚路。若徙就姑臧，慮人懷異志，或貪留重遷，情不願徙。脫引寇內侵，深爲國患。且敦煌去涼州千餘里，捍遠，就近。遮防有闕。一旦廢罷，是啟戎心，則夷狄交構，互相來往。恐醜徒協契，侵竊涼土及近諸戍，則關右荒擾，烽警不息，邊役

京興。雜雜方甚。乃徙秀容。同 二十四 北史 卷八十

魏書 房法壽傳 子景伯 祖叔祖 時。三齊平。隨例內徙。爲平齊民。同 四十三 北史 卅九

又 韋閬傳 族弟珍 道成司州民謝天蓋。自署司州刺史。規以州內附。事泄。爲道成將崔慧景攻圍。詔珍率在鎮 鎮將 樂陵士馬渡淮援接。時道成聞珍將至。遣將苟元賓據淮逆拒。珍破之。天蓋爲左右所殺。降於慧景。珍乘勝馳進。又破慧景。擁降民七千餘戶內徙。表置城陽、剛陵、義陽三郡以處之。同 四十五 北

又 高允傳 顯祖平青齊。徙其族望於代。時諸士人。流移遠至。率皆飢寒。徙人之中。多允姻媾。皆徒步造門。允散財竭產。以相贍振。（魏收史之）

尉迥周至。無不感其仁厚。收其才能。表奏申用。時論皆以此稱附於冀。又請自材任能。無宜抑屈。（周八　北史七十）

魏書慕容白曜傳。皇興三年。崔道固冀州刺史及兗州刺史梁鄒守將劉休賓⋯⋯降。⋯⋯乃徙二城民望於下館。朝廷置平齊郡懷寧歸安二縣以居之。自餘悉為奴婢。分賜百官。（魏五十　北史廿五）

又韓茂傳。從世祖討赫連昌。大破之。世祖謂諸將曰。今若窮兵極武。非弔民之道。明年當共卿等取之。徙其民而還。（魏五一）

又封勑文傳。詔勑文率步騎七千征吐谷渾慕利延兄子拾歸於枹罕。衆少不附割。詔遣安遠將軍廣川公乙烏頭等二軍與勑文會隴右。軍次[illegible]。拾歸夜遁。勑文引軍入枹罕。虜拾歸妻子。

及其民户。分徙千家於上邽。(魏一上下)

魏書趙逸傳：初，姚萇以逸伯父遷為尚書右僕射。卒於長安。劉裕滅姚泓。徙遷子操於建業。(魏五二下)

又劉昞傳：世祖平涼州，士民東遷。夙聞其名，拜樂平王從事中郎。世祖詔諸年七十以上，聽留本鄉，一子扶養。昞時老矣，在姑臧歲餘，思鄉而返。至涼州西四百里韭谷窟，遇疾而卒。(魏五二下)(北史三四下)

又趙柔傳：沮渠牧犍時為金部郎。世祖平涼州，內徙京師。(魏五二上)

又李孝伯傳：兄祥，世祖……遣為方錦之與樂安出青州，以祥為軍司。略地至於陳汝，淮北之民詣軍降者七千餘户，遷之於兗豫之南，置淮陽郡以撫之。拜祥為太守。(魏五三上)(北史三三下)

魏书劉芳傳……芳母子入梁鄒城。慕容白曜南討青齊，梁鄒降。

芳北徙為平齊民。（五五 9下）

又高祐傳……祖展，慕容寶黄門郎。太祖平中山，内徙京師。（五七 15上）

又楊播傳……乃椿初，顯祖世，有蠕蠕萬餘户降附，居於高平薄骨律

二鎮。太和之末，叛走略盡，惟有一千餘家。太中大夫王通、高平

鎮將郎育等，求徙置淮北，防其叛走。詔許。慮不從命，乃使椿

持節往徙焉。椿以為徙之無益。上書曰……時八座議不從，遂

徙於濟州，緣河居之。及冀州元愉之亂，悉叛，舉營同赴賊，所在抄掠。

如椿所策。（五八 18上）

又程駿傳……沮渠牧犍擢為東宫侍講。太延五年，世祖平涼，還

於東帥。（写十行）

魏書李寶傳　劭暠陽瓘柳此喜曾此蘇等扇衆反叛。、、、討之。、、、

、、、累戰破之。新此董等。徙萬餘戶於幽冀討州。（写六行）此史の三行

又崔亮傳　父元孫、、、討文秀。（沈文秀）為文秀所害。亮母房氏攜亮

依冀州刺史崔道固於歷城。道固即亮之叔祖也。及慕容白曜

之平三齊。内徙桑乾。為平齊民。（写六行）

又崔光傳　父靈延、、、長廣太守。與、、、冀州刺史崔道固共拒

國軍。慕容白曜之平三齊。光年十七。隨父徙代。（写二行）

又光從祖弟長文。、、、少亦徙於代都。（写二行）

又高聰傳　大軍攻克東陽。聰徙入平城。與蔣少遊為雲中兵戶。窮

固無所不至。族祖光視之若孫。大加賙給。（卷八六廿）

魏書樊子鵠傳：代郡平城人。其先荊州蠻酋。被遷於代。（卷八十廿下）

又常景傳：天平初遷鄴。景匹馬從駕。是時詔下三日。戶四十萬。狼狽就道。收百官馬。尚書丞郎以下。非陪從者盡乘驢。齊獻武王以景清貧。特給車牛四乘。妻子方得達鄴。（卷八二廿）北史四二叶

又外戚傳：馮熙，長樂信都人。文明太后之兄也。祖文通。僭位海東傳。世祖平遼海。熙父朗內徙。（卷八三上廿）

又鐵弗傳：世祖聞屈丐死。——西伐。——以輕騎一萬八千濟河襲昌。——冬日。分軍四出。略居民。殺獲數萬。生口牛馬十數萬。徙萬餘家而還。（卷九五廿）北史九三廿下

魏書徒何慕容廆傳[illegible]元真襲石虎至於高陽。掠徙幽冀二州三
萬戶而還。元真征高句麗。大破之。遂入丸都……掠男女五萬
餘口。又大破宇文。闢地千里。徙其部民五萬餘家於昌
黎。（九五 9上）
又海夷馮跋傳 延和元年。世祖親討之。文通嬰城固守。文通營丘
遼東成周樂浪（四）帶方玄菟六郡皆降。世祖徙其三萬餘戶於
幽州。（九七 11下） 北史 九三 8上
又鮮卑禿髮烏孤傳 傳檀為蒙遜所敗……又為赫連屈丐所破。
……懼東西寇至。乃徙三百里內民於姑臧。（九九 11下）
又[illegible]沮渠蒙遜傳 拔牧犍與左右文武面縛請罪。詔釋其縛。徙

徙州民三萬餘家於京師。（九九外）北史卷三外

魏書蠻傳：行定州刺史田超秀亦遣使求附，請援歷年。頗延迴、種詐邊役。未之許。會超秀死。其部曲相率內附。徙之六鎮秦隴所在反叛。（九九外）

又匈奴宇文莫槐傳：廆又攻乞得龜，克之。乞得龜單騎夜奔。悉虜其衆。乘勝長驅。入其國城。收資財億計。徙部民數萬戶以歸。逸豆歸遠遁漠北，遂奔高麗。晃徙其部衆五千餘落於昌黎。（九三）

81上 北史九八外

又高車傳：（魏書一〇三）大祖擊薛干部，太悉伏……屠其城。……獲其人而還。

牽屯山鮮卑別種破多蘭部木易干。天興四年，遣常山王遵

討之於高平。木易干率數千騎棄國遁走。盡徙其人於京師。（紀）

又越勤倍泥部。永興五年。持牧跋那山西。七月。奚斤討

破之。徙其人而還。（紀）北史大紀

魏書天象志世祖始光四年……冬十一月。上伐赫連昌。入其郭。

徙萬餘家以歸。（紀之三卷）

又神䴥四年……明年六月。上伐北燕。舉其十餘郡。進圍和龍。徙

豪桀三萬餘家以歸。（紀之三卷）

又食貨志既定中山。分徙吏民及徒何種人工伎巧十萬餘家以

充京都。各給耕牛。計口授田。（紀卅卷）

又太和十一年。大旱。京都民飢。加以牛疫。公私闕乏。……詔聽民

就豐行者十五六。道路給糧稟。至所在。三長贍養之。」（廿壯）
天孝靜天平初。以遷民草創。資產未立。詔出粟一百三十萬石以
賑之。三年夏。又賑遷民稟各四十日。」（廿壯）
大釋老志涼州自張軌後。世信佛教。敦煌地接西域。道俗交得其
舊式。村塢相屬。多有塔寺。太延中。涼州平。徙其國人於京邑。沙
門佛事皆俱東。象教彌增矣。」（廿壯）
北史崔宏傳宏字玄伯」魏之以郡國豪右大人蠹害。乃優詔徵之。
人多戀本。而長吏逼遣之。於是輕薄少年。因相扇動。所在聚結。
西河建興盜賊並起。守宰討之。不能禁。帝乃引宏及北新侯安
同壽光侯叔孫建武元城侯元屈等問焉。宏勸大赦以綏之。屈

日。不知先誅前惡。赦其黨類。宏曰。王者臨天下。以為人而布。河
額小勿直遷。……時元從江（四五[illegible]）
北史高祐從父弟翼傳（高允）孝昌末。葛榮作亂。朝廷以翼山東豪右。
即家拜渤海太守。翼率合境。徙居河濟閒。魏因置東冀州。以
翼為刺史。（四五[illegible]）
北史傅永傳為崔道固城局參軍。與道固俱降。入為平齊百姓。父
母並老。飢寒十數年。賴其強於人事。戮力傭丐。得以存立。（四五[illegible]）
北史李崇傳從弟平宣武……將幸鄴。平上表諫。以為京都創建。
洛邑假營。雖年跨十稔。根基未就。代人至洛。始欲向盡。資產罄
於遷移。牛畜斃於輦運。陵大行之險。歷長津之難。辛勤備經。得

達奚觀。富者極損有半。孰計所以為和。蕭歷歲從戎。不遑啟處。自軍興以來。莫得休息。事若計來。積一年之儲。築室計畝有救百之之庶。莫不悅力伊邏。人患其貧。宜安靜新人。勸其稼穡。之之之之若樂之之以羈縻。則所慶多矣。不從。（四三 4上）

北史馮跋傳弘字文通。跋之少弟也。……弘廢其元妻王氏。黜世子崇。令領肥如。以後妻慕容氏子王仁為世子。崇……來降。……弘遣其將封羽率衆圍崇。大武詔永昌王健督諸軍救之。封羽以凡城降。徙其人三千餘家而還。（九三 8下）

北史高昌傳二十一年。大和遣司馬王體玄奉表朝貢。請師迎接。求舉國內徙。孝文納之。遣明威將軍韓安保率騎千餘赴之。割伊

吾五百里。以儒居之。至羊榛水。儒國王馬儒遣嘉禮率步騎一千五
百迎安保。去高昌四百里。而安保不至。禮等還高昌。安保亦還
伊吾。安保遣使韓興安等十二人使高昌。儒復遣顧禮將其世
子義舒迎安保。至白棘城。去高昌百六十里。而高昌舊人情戀
本土。不願東遷。相與殺儒。而立麴嘉為王。太武時有闞爽者自為高昌太守……真
君中。爽為沮渠無諱所襲奪據之。無諱死。弟安周代立。和平元
年。為蠕蠕所并。蠕蠕以闞伯周為高昌王。……太和初。伯周死。
子義成立。歲餘。為從兄首歸所殺。自立為高昌王。五年。高車王
可至羅殺首歸兄弟。以敦煌人張孟明為王。明為國人所殺。立
馬儒為王。以鞏顧禮麴嘉為左右長史。嘉字靈鳳。金城榆中人。……延平元年。嘉
遣兄子私署左衛將軍田地太守孝亮朝京師。仍求內徙。乞軍
迎援。於是遣龍驤將軍孟威發涼州兵三千人迎之。至伊吾。失期

而反。於是蠕蠕遣使獻……款誠備至。推賜優迎……延平初（？）遣使貢獻。詔曰。卿地隔關山。境接荒漠。頻請朝援。從國內遷。雖未誅可嘉。卿于理未帖。何者。彼之蹤庭。是漢魏遺黎。自晉氏不綱。因難播越。成家立國。世積已久。惡徙重遷。人懷戀舊。今若動之。恐異同之變。爰在肘腋。不得便如來表也。神龜元年。冬。嘉異復表求援內徙。朝廷不許。（見七卅上）

北史高車傳。去時分散。諸部。唯高車以類粗獷。不任役使。故得別為部落。以太武征蠕蠕。破之而還。至漠南。聞高車東部在已尼陂。人畜甚眾。去官軍千餘里。……遣左僕射安原等……并發新附高車合萬騎。至于已尼陂。高車諸部望軍而降者數十

節本不重

者蕃獲馬牛羊亦百餘萬。皆徙置漠南千里之地。乘高車逐水草。畜牧蕃息。數年之後。漸知粒食。歲致獻貢。由是國家馬及牛羊遂至於賤。氈皮委積。(元九八四)

又初道武時有吐突隣部。在女水上。常與解如部相為脣齒。不供職貢。登國三年。道武親西征。度弱洛水。復西行。趣其國。至女水上。討解如部。破之。明年。春。盡略徙其部落畜產而還。(元九八四)

北齊二神武帝紀天平元年。正月。壬辰。神武西伐費也頭虜紇豆陵伊利於河西。滅之。遷其部於河東。上年云居河池（二上）北史六作

又乃立之。是為孝靜帝。……神武以孝武既西。恐逼崤陝。洛陽復在河外。接近梁境。如向晉陽。形勢不能相接。乃議遷鄴。護軍祖瑩贊焉。詔下三日。車駕便發。戶四十萬。狼狽就道（二上）北史六作

又三年正月甲子神武帥庫狄干等萬騎襲西魏夏州……夜入其城……留都督張瓊以鎮守遷其部落五千戶以歸（二上）北史六作

又段榮傳姑臧武威人也。祖信。仕沮渠氏。後入魏。以豪族徙北邊。仍家於五原郡（十六上）北史五四作

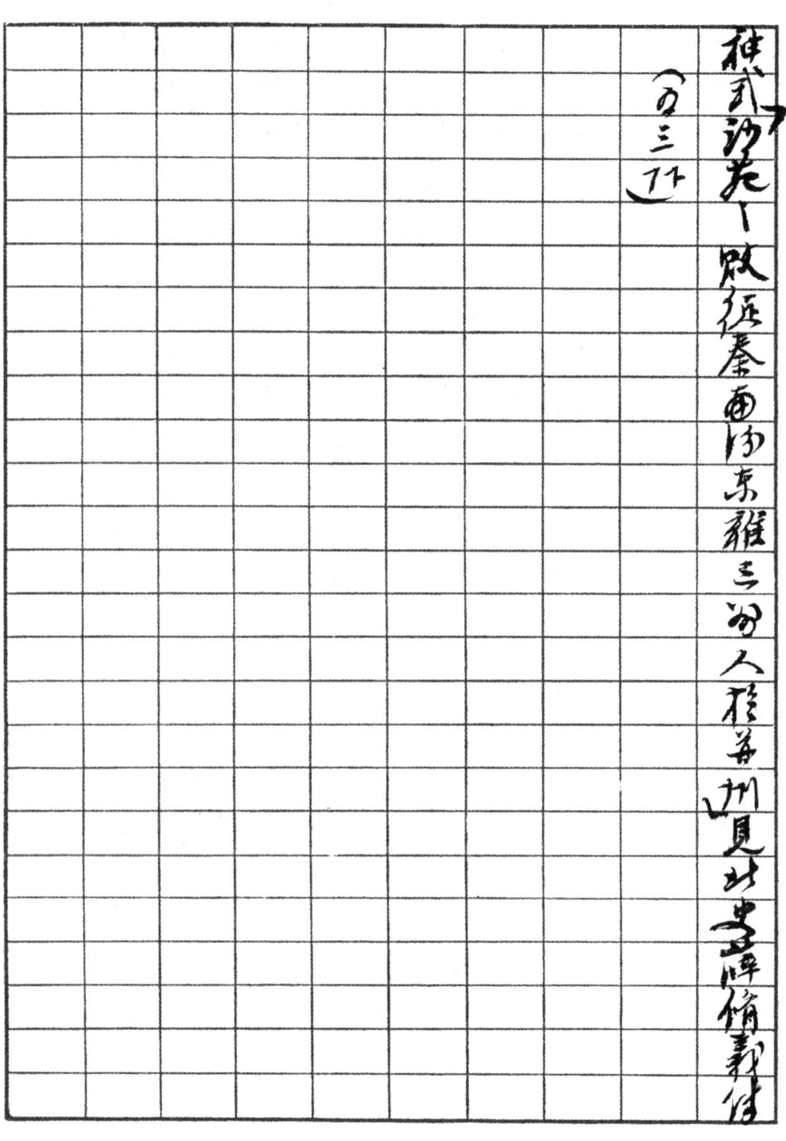

神武沙苑之敗徙秦南汾東雍三州人於并州見北史薛脩義傳

（五三下）

周書文帝紀：十一月。遣儀同李虎與李弼、趙貴等討曹泥於靈州。

魏孝武紀……明年。泥降。遷其豪帥於咸陽。（六卅）北史九

四三年

大統十二年。春。涼州刺史宇文仲和據州反。……太祖遣開

府獨孤信討之……夏。五月。獨孤信平涼州。擒仲和。遷其民六

千餘家於長安。（三卅）北史九

又魏廢帝元年。春。王雄平上津、魏興。以其地置東梁州。……秋八

月。東梁州民叛，率衆圍州城。太祖復遣王雄討之……二年……

……二月。東梁州平。遷其豪帥於雍州。（三卅）北史九

又武帝紀：建德六年十二月庚申。行幸并州宮。移并州軍人四萬

戶於關中。(六4下 十八史)

晉書宣帝紀大寧之年二月。癸亥。詔曰。………宜令邦車。修復舊都。

………辛卯。………又詔曰。洛陽舊都。今既修復。凡是之邊之戶。並

聽還本州。其外諸民移徙者。亦恣其意。(七2下)

又獨孤信傳十二年。涼州刺史宇文仲和據州不受代。太祖令

信帥開府怡峯討之。………擒仲和。虜其民六千戶。送於長安。(十

六2上)

又怡峯傳。與元季海獨孤信復洛陽。峯率奇兵攻成皋。入其郭。

收其戶口而還。(十七2下)

又柳慶傳。解人也。五世祖恭。仕後趙。為河東郡守。後以秦趙喪亂。

乃率民南徙。居於汝穎之間。梁仕江表。（卅二上）

周書李賢傳：時荊州犀環反。開府潘招討之。令賢與賀若敦率騎士七千，別道邀截。擊蠻帥文子榮。大破之。遂於平州北築汶陽城以鎮之。尋治郢州刺史。時以巴湘初附。詔賢總監諸軍略定之。乃遷江夏民二千餘戶。以實安州。并築甑山城而還。（卅五上）

又史寧傳：曾祖豫。仕沮渠氏。為臨松令。魏平涼州。祖灌隨例遷於撫寧鎮。因家焉。父遵。初為征虜府鎧曹參軍。屬杜洛周構逆。六鎮自相屠陷。遵遂率鄉里二千家奔恒州。（卅八上）

北史周文帝紀：自莫那九世至侯歸豆。為慕容晃所滅。其子陵仕燕。拜駙馬都尉。號玄菟公。及慕容寶敗。歸魏。拜都牧主。賜爵安

宋

僑民興初。魏遷于綠栘伊都。陵隨例徙居西川。以上

周書司馬裔傳 十五年。太祖令山東立義諸將等能率衆入關者。並加重賞。裔領戶千室先至。太祖欲以爲刺史。裔固辭曰。立義之士。辭鄉里。捐親戚。遠歸皇化者。皆是誠心內發。豈裔能率之。今以封裔。便是賣義士以求榮。非所願也。太祖善而從之。

不止

隋書煬帝紀　大業元年三月。丁未。詔尚書令楊素、納言楊達、將作大匠宇文愷營建東京。徙豫州郭下居民以實之。……徙天下富商大賈數萬家於東京。（二十頁）北史十二頁

又五行志。漢王諒舉兵反。徙其黨數十萬家。（四三頁）

又食貨志。天保八年。議徙冀定瀛無田之人。謂之樂遷。於幽州范陽寬鄉以處之。百姓驚擾。……（四五頁）

又　時天下戶口歲增。京輔及三河。地少而人衆。衣食不給。議者咸欲徙就寬鄉。其年。開皇十二冬帝命諸州考使議之。又令尚書以其事策問四方貢士。竟無長算。帝乃發使四出。均天下之田。其狹

何每丁纔至二十畝。言小丈少高。（田の註）

隋書文四子傳房陵王勇。上以山東民多流冗。遣使按檢。又欲徙民以實邊塞。勇上書諫。時為皇……上覽而嘉之。遂寢其事。（同）

六上

（五止迄）恐言有所帝遂止 此史

又梁彥光傳（隋書循吏）及高祖受禪。以為岐州刺史。……開皇二年。上幸岐州。悉其能。下詔曰。……有賜粟五百斛。物三百段。御傘一枚。……未幾。賜錢五萬。後數歲。轉相州刺史。彥光前在岐州。其俗頗質。以靜鎮之。合境大化。奏課連最。為天下第一。及居相部。如岐州法。鄴都雜俗。人多變詐。為之作歌。稱其不能理化。上聞而譴之。竟坐免。歲餘。拜趙州刺史。彥光言於上曰。……請復為相州。政經易調。庶有以變其風俗。上從之。復爲相州刺史。豪猾者聞彥光自請而來。莫不嗤笑。彥光下車。發擿姦隱。有若神明。於是狡猾之徒。莫不潛竄。合境大駭。初齊亡後。衣冠士人。多遷關內。惟技巧商販及樂戶之家。移實州郭。由是人情險詖。妄起風謠。訴訟官人。萬端千變。彥光欲革其弊。乃用秩俸之物。招致山東大儒。每鄉立學。非聖哲之書。不得教授。常以季月召集之。親臨策試。有勤學異等。聰令有聞者。升堂設饌。其餘並坐廊下。有好諍訟。惰業無成者。坐之庭中。設以草具。及大比。當舉行賓貢之禮。又於郊外祖道。并以財物資之。於是人皆克勵。風俗大改。（隋七三循吏）案文帝使臨州者不得以訴訟風謠動搖夫

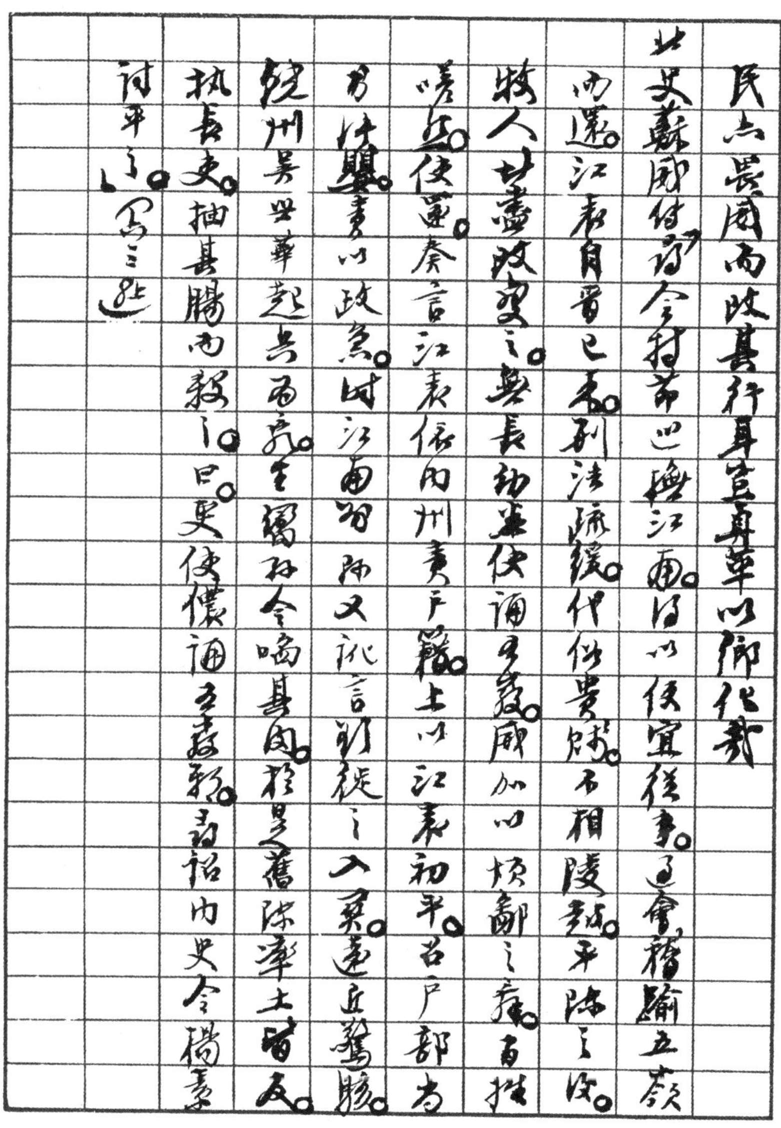
民亦畏威而改其行耳宜其革以節代戟
北史蘇威傳付節令持節巡撫江南。得以便宜從事。過會稽踰五嶺
而還。江表自晉已來。刑法疏緩。代族貴賤不相陵越。平陳之後。
牧人者盡改變之。無長幼悉使誦五教。威加以煩鄙之辭。百姓
嗟怨。使還。奏言江表依內州責戶籍。上以江表初平。召戶部尚
書張嬰。責以政急。時江南州縣又訛言欲徙之入關。遠近驚駭。
饒州吳世華起兵為亂。生擒縣令。啖其肉。於是舊陳率土皆反。
執長吏。抽其腸而殺之。曰。更使儂誦五教耶。尋詔內史令楊素
討平之。（六三北）

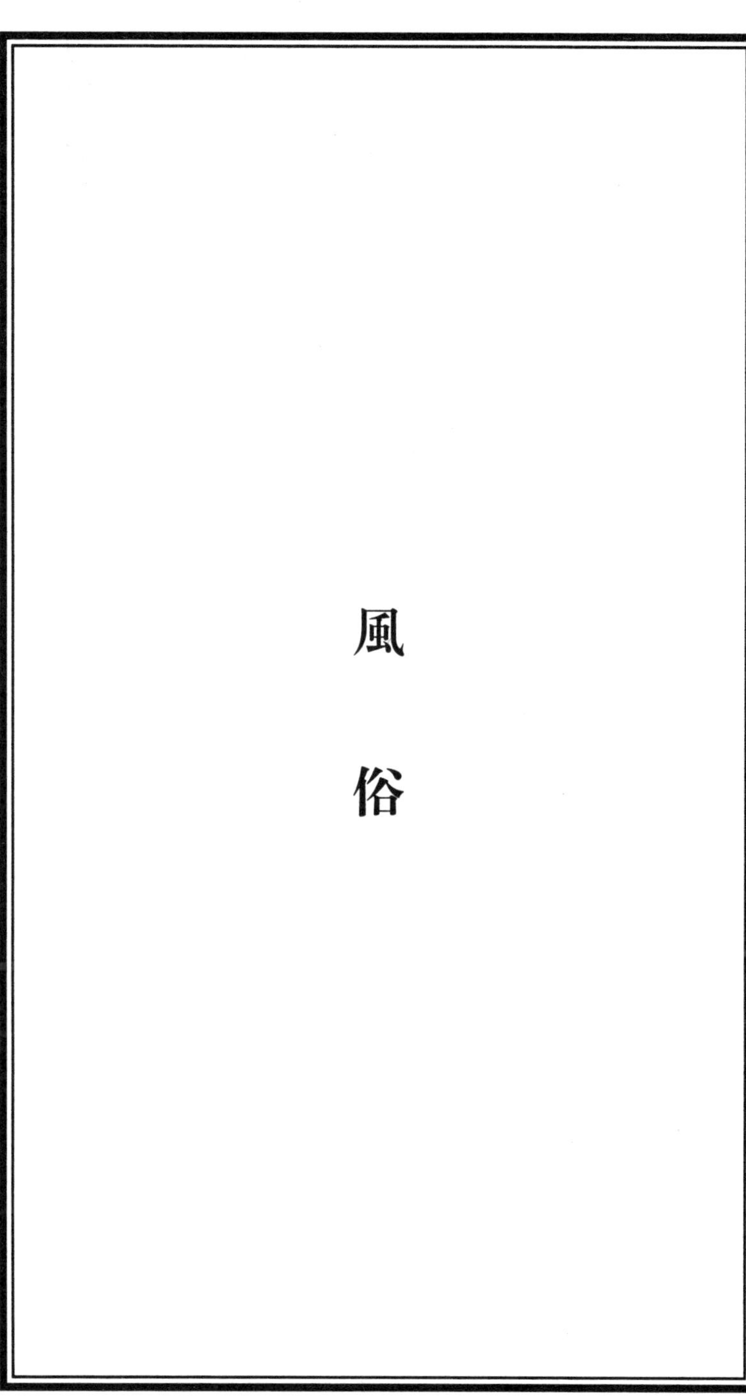

風俗

風俗提要

「風俗」一包札録，内分兩札。大部分是吕先生從《韓非子》《荀子》《史記》《晉書》《隋書》《鹽鐵論》《風俗通義》等史籍中摘出的資料，部分是讀《困學紀聞》《十駕齋養新録》等書籍的筆記。

吕先生的札録，天頭或紙角上常會寫上分類名稱，有些札録寫有題頭，再節録或剪貼史籍的原文，並記有篇名卷第；未録原文的，也在題頭下注明資料的出處。如第七九頁「漢時大都會及各地風俗，《鹽鐵論》通有」，「明中葉才士敖誕之習」見「《廿二史札記》卷三十四」。札録中也有一些先生加的按語，如第一五九頁「狂放之始」，先生「案：若漢之趙仲讓是也。見《風俗通義》（卷四）『過譽』末節。又卷三『愆禮』第三節薛恭祖」。其他如第一二六、一四二、一五三等頁，也有長短不一的按語。

「風俗」一包，也有一些剪報資料，此次整理僅收録了一小部分；札録的手稿部分，均按原樣影印刊出。

風俗

漢時大都會及各地風俗 鹽鐵論通有

日知錄論風俗曰卷十三一冊漢風俗至廉恥各條 兩漢風俗一

朱子 南北學之病

晉風俗曰 干寶晉紀論 抱朴子

明中葉才士傲誕之習 廿二史劄記卅四

李贄 日知錄十八

清風俗 丁晏一 指言風俗方

漢時貴人○ 潛夫論忠貴十一 浮侈十二 斷訟十九 傅子檢商賈校上

都市風俗○ 可看三輔黃圖 長安志 東京夢華錄 夢粱錄

武林舊事　春明夢餘録　日下舊聞

晉人之性術。觀晉書五行志（卷廿七）可見。又都管傳（卷六十九）

晉初風俗之惡。晉書愍帝紀贊（卷五）束晉篇所言甚詳。

奔競尚得。用人以私。世譏超越古臣。若清談不事之鄉黨毀

學者恒人奢侈淫佚婚嫁

晉書■五行志。男婦人修容也。為東晉髮而剃角髻於額。蓋其徵

自操東大夫。而鷹隔失中之謂也。好異之風俗相驅以為論

彈射以刻覈相尚。居三年之喪者。往往有殘毀以死。識者為其言之。

昔王安論韓不可以經訓毀之。蓋亦救時之作也。（范汪傳）宋書卷

又傅玄傳上疏曰：……近者魏武好法術。而天下貴刑名。魏文慕

通達。而天下賤守節。其後綱維不攝。而虛無放誕之論盈於朝

（晉書卷四十七）觀傅玄傳可見

野。使天下已復儒義，而已去秦之病，後皆於今。……亦當清遠有
禮之官。以敦風節。亦追崇鄒。以繼不朽。（凡七行止）
晉書袁瓌傳上疏曰：……孔子恂恂。以教洙泗。孟軻係之。誨誘無
倦。是以仁義之聲。於今猶存。禮讓之節。時或有之。（凡三行止）
又伏滔傳：從溫伐袁真。至壽陽。以淮南屢叛。著論二篇。名曰正淮。
其上篇曰：……爰自戰國至於晉之中興。六百餘年。保淮南
者九姓。稱兵者十一人。皆亡不旋踵。禍溢於世。而終莫戒焉。
……其俗尚氣力而多勇悍。其人習戰爭而貴詐偽。豪右并兼
之門。十室而七。藏甲挾劍之家。比屋而發。然而仁義之化不漸。
刑法之令不及。所以屢多亡國也。（凡二行止）

魏文帝居諒闇之始，便數出遊獵，體貌不重，風尚通脫。……天下化之，咸賤守節。宋書五行一（冊二八〇）

魏尚書鄧颺，行步弛縱，筋不束體，坐起傾倚，若無手足。同上

晉惠帝元康中，貴遊子弟相與為散髮倮身之飲，對弄婢妾，逆之者傷好，非之者負譏，希世之士，恥不與焉。同上（冊二八〇）

宋書張邵傳：子敷，雅好玄言……初父邵使與南陽宗少文談繫象，往復數番，少文每欲屈，握麈尾歎曰：吾道東矣。於是名價日重。（〇〇頁）敷傳見卷六十二，與邵傳所敘事多複

又羊玄保傳：子戎……戎二弟，太祖並賜名，曰咸、曰粲，謂玄保曰：欲令卿二子有林下正始餘風。（〇〇頁）

宋书王惠传：惠幼而夷简，为叔父司徒謐所知。恬静不交游，未尝有杂事。陈郡谢瞻才辩有风气，尝与兄弟群从造惠，谈论锋起，文史间发，惠时相酬应，言清理远，瞻等惭而退。兄鉴，颇好聚敛，广营田业，惠意甚不同，谓鉴曰：何用田为？鉴怒曰：无田何由得食。惠又曰：亦复何用食为。其标寄如此。（五八上）

又何偃传：子戢，素好谈玄，注庄子消摇篇，传于世。（五九上）

又王准之传：曾祖彪之，尚书令。……彪之博闻多识，练悉朝仪，自是家世相传，并谙江左旧事，缄之青箱，世人谓之王氏青箱学。……准之究识旧仪，问无不对，时大将军彭城王义康录尚书事，尝叹曰：何须高论玄虚，正得如王准之两三人，天下便治矣。

嘗之風味。不留時流所重。於儀法。經建至今遵用之。（上宋帖）以

宋書沈演之傳：家世為將，而演之折節好學，讀老子日百遍，以

義理業尚知名。（同上）

又沈懷文傳：少好玄理。（同之上）

又王景文傳：美風姿，好言理。少與陳郡謝莊齊名。（同上）

又袁粲傳：時粲與齊王、褚淵、劉秉入直，平決萬機，時謂之四貴。粲

閑默寡言，不肯當事。主書每往諮決，或高詠對之，時立一意，則

衆莫能改。宅宇平素，器物取給。好飲酒，善吟諷，獨酌園庭，以此

自適。居負南郭，時杖策獨遊，素寡往來，門無雜賓。及受遺當權，

四方輻湊，閑居高臥，一無所接。談客文士，所見不過一兩人。（同之上）

宋書杜慧度傳：頗好莊老（九六五）

又隱逸傳周續之：……雁門廣武人也。其先過江，居豫章建昌縣。……豫章太守范寧於郡立學，招集生徒，遠方至者甚衆。續之年十二，詣寧受業。居學數年，通五經并緯候，名冠同門，號曰顏子。既而閑居讀老、易。入廬山，事沙門釋慧遠。……以爲身不可遇。餘寡宜絶。遂終身不娶妻，布衣蔬食（九三二上）

又沈道虔：好老易。（九三二上）

又自序：正……好老莊之學（百二上）。林子所著詩、賦、讚、三言、箴、祭文、樂府、表、箋、書記、白事、啓事、論、老子一百二十一篇。（二上）

又魯爽傳：幼染殊俗，無復華風，麤中使酒，數有過失（七四上）

新方地理志鄭州……熙寧二年。劉彝後鎮桂邕。上表曰。……西界荒餘。密邇寇虜。此與蠻雜係。土氣瘴癘。民不識耕。惟射是務。通邊不遷。不諳日食。比年以來。無月不戰……時邕州邊荒。至乃如此。（下略）

又稱藝祖：侍藝祖少學騎馬及射。書記之曰。武事可畏。何不學書。藝祖曰。昔曾擒賊在。上馬擒賊。下馬讀論。此於天下。可不負所食矣。又望無自全之理。自異大事業。（下略）

藝祖善彈。彈鳥。毛盡而鳥不死。凡鳥鵲鶉雞。藝祖嘗城西橫彈。記無不折翅而下。（下略）

梁書大祖五王傳南平元襄王偉。晚年崇信佛理。尤精玄學。著二旨義。別為新通。又製性情幾神等論。其義僧寵及周捨殷鈞陸傳。並名精解。而不肯屈。（卅二上）偉之子。懷泰。慶祖……恭……

隆……雍州刺史……太宗……字全曰。彼士流欽儒。有開拓

鋒風。黔首拜稱。但知章劍輕死。降胡惟尚勞恤。豈寧不知豁懷。

……（卅上）

齊書柳世隆傳。世隆少立功名。晚專以談義自業。善彈琴。世稱柳

公雙瑣。為士品第一。常自云。馬矟第一。清談第二。彈琴第三。在

朝不干世務。垂簾鼓琴。風韻清遠。甚獲世譽。（卌〇上）

又張岱傳……少與兄……寅……鏡……永弟……辯俱知名。

謂之張氏五龍。鏡少與……顏延之鄰居。顏談議飲酒。諠呼不

絕。而鏡靜默無言聲。後延之於籬邊聞其與客語。取胡床坐聽。

奉新詩云。近之以脈。謂黃宗羲曰。假前人之言。惠此不屬。謝叶實鍾

古藏高郵。附韓不存也。（廿二日）

王儉處論清談不易。又面獻所存信（廿三日）

張緒傳文字。……緒少知名。清簡寡欲。叔父鏡謂人曰。此兒今之

樂廣也。　尚書袁粲言於帝。帝召見。拜秘書郎。緒長於談玄。玄風

備封王儉語人曰。北士中覓張緒。過江未有人。不知陸仲子貰

稱張緒之爲耳。　緒長於周易。言精理奧。見宗一時。　吏部

幸時衡寺經傳述之儒。屢遷不閑緒言。上雖殷緒。乃尊傳述

以道之。齊高　緒出爲吳興。世祖自選之。語王儉曰。緒以德業。

領以傳其緒也。　緒口不言利。有財輒散。清言端坐。或竟日

無食。門生見緒飢，爲之辦飡，然未嘗求也。卒。……從弟融敬重緒，事之如親兄。齎酒於緒靈前酌飲，慟哭曰：阿兄，風流頓盡。

（卌三）

南齊書卌一 張融傳：融，吳郡吳人也。……融年弱冠，道士同郡陸脩靜以白鷺羽麈尾扇遺融，曰：此既異物，以奉異人。（同上）

永明二年，總明觀講，勑朝臣集聽。融扶入就榻，私索酒飲之，難問既畢，乃長歎曰：嗚呼！仲尼獨何人哉！爲御史中丞到撝所奏，免官。……

融形貌短醜，精神清澈。（下）

融玄義無師法，而神解過人，白黑談論，鮮能抗拒。（止）

遺令：……左手執孝經、老子，右手執小品法華經。……

自序：……吾昔嘗僭言多情辭……（止）

樵書圖願傳寄的弟所願於言理。以願有離觀入願內。較近留真。願不徹願講。輒誦經中國編輯譯本。常念為之小心。願音辯辯難。出言不窮。當商某業。考以成向。汎涉百家。長於佛理。……暫林之人慧願曰……貫之揚摩尼來的十餘年。安而譯說譯全一倒……一心為實友會同。願廬序譯稱。靜歡之流。論妙悉倦。兼善不易。與傳願相逼。輒以玄言相常。係日不解。法實家祁。緣日點藏實。疑有妻子。精濡山舍。可見一斑

又戴叔傳：戴少有風鑒。好居文及玄言。可見之

又劉繼傳：曲的東。多是人士。盛為文章譚義。皆淺覺陵王西鄰。續為隱遊論種。機悟多辯。時傳顏圖願。並有言工。顏音貞綾數。願

辭致綺捷。繪之言吐，又頓挫有風氣。時人為之語曰：劉繪貼宅，別開一門。言在二家之中也。（同上）

齊書崔慧景傳：性好讀書，兼解佛理。於法輪寺對客高談，率以此致。（同上）

齊書高逸傳：明僧紹……長於佛儒。[illegible]玄言。（同上）

顧歡年二十餘，更從豫章雷次宗諮玄儒諸義。（同上）

歡口不辯，善於著書。著三名論，甚工。鍾會四本之流也。又注王弼易二繫，學者傳之。（同上）

宗測，善易、老。（同上）……遊廬山。……攜老、莊自隨。（同上）

杜京產專修黃老。孔稚珪等表薦曰：學遍玄儒。（同上）

沈驎士著周易兩繫、莊子內篇訓注。易、經、禮記、春秋、尚書、論語、孝經、喪服

老子義綱十卷。（8下）善老莊儒學兼三禮及老莊（8下）徐伯珍撰

精於老莊。晝以之述。（8下）

子。於書義傳杜預……京房子也。……論儒士劉瓛學業。善清言。

材學藝能治。與儒者遊。多所傳說。中書郎周顒與京房尚同。

子學業清標。微末之秀。以善當了懷。世無知者也。……（王?）

梁書武帝紀上……而篤學洞達儒玄（三〇下）

又簡文帝紀所著……禮大義二十卷。老子義二十卷。莊子義二

十卷。長春義記一百卷。法寶連璧三百卷。並行於世。（?）

又元帝紀承聖三年九月辛卯。世祖於龍光殿述老子義。尚書左僕射王褒為執經。（九下）

所著……周易講疏十卷。內典博

要一百卷。連山三十卷。洞林三卷。玉韜十卷。……孝子義疏の

卷。……筮經十二卷。……

梁書哀太子大器傳：大寶二年八月。賊景廢太宗。將害太子。時賊

黨稱景命召太子。……方讀老子。將欲下牀。而刑人掩至。（公孫述）

又沈約傳：舉時蕭勃務學，深事淸譚。（甲午證）

又陸■傳：■■卷。……陸倕見也。此以知釋著錄於隋言。（甲

午證）

又王暕傳：時帝詔求異士。始安王遙光表薦暕及東海王僧孺。……

……竊見秘書丞瑯邪王暕。年二十一。……神清氣茂。允迪中和。叔

寶理遣之談。彥輔名教之樂。故以暉映先達。領袖後進。居無塵

雜。宗有陽和。務經清新。發言玄遠。……（卅一上）

梁書王份傳：高祖（梁）嘗於宴席問群臣曰。朕為有為無。份對曰。陛下應萬物為有。體至理為無。高祖稱善。（卅一上）

又何之傳：尤精玄易。能清言。與從兄瑗俱有令譽。（卅一上）

又太祖五王傳：南平元襄王偉。晚年崇信佛理。尤精玄學……（卅二上）

又永陽嗣王伯游：（敷之子）高祖[illegible]之。美風神。善言玄理。（卅二下）

又周捨傳：雖居職屢徙。而常留省內。罕得休下。國史詔誥。儀體法律。軍旅謀謨。皆兼掌之。日夜侍上。預機密二十餘年。未嘗離左右。……性儉素。衣服器用。居處牀席。如布衣之貧者。每入官府。

廣夏

雖蓽[illegible]當闌陋雲露。棲居江。所獲茨積。以薪為障。壞亦不營。

……蕭國子等……卒。……謂曰荀子如明年。又謂曰。昨傳中殁

軍將軍蕭子恪。義該吾儒。……今日不幸休。王廉素衣。終亡之白。

內無妻妾。外無田宅。兩兒幼弱。有古烈。……（卅三 伏）

梁書到洽傳。高祖[illegible]問待詔丘遲曰。到洽何如沆溉。沆洽從弟。溉洽兄。

曰。正清過於沆。文章不減溉。加以清言。殆將難及。（卅七上）

又明山賓傳。七歲能言玄理。（卅七上）

又謝舉傳。幼好學。能清言。（卅七上）舉少博涉多通。尤長玄理。及釋

氏義。為晉陵郡時。常與義僧遞講經論。徵士何胤自虎丘山赴

之。其盛如此。先是北渡人盧廣有儒術。為國子博士。於學發講。

僕射徐勉以工草隸，常遣出。屢拂麈，詮揮通變，廣深諸派。仍以
所執[illegible]麈尾扇之，以次重序焉。」（正）真於學講，稍亦執麈尾麈
雅居端揆，未嘗省錄時務……」（陳）
梁書何敬容傳：「敬容久處臺閣，詳悉舊事，且聰明識治，勤於簿領，
詰朝理事，日旰不休。自晉宋以來，宰相皆文義自逸，敬容獨勤
庶務，為世所嗤鄙。時蕭琛子巡者，頗有輕薄才，因製卦名離合
等詩以嘲之，敬容處之如初，亦不屑也。」（卌七卷）太宗頻於玄
圃自講老莊二書，學士吳孜時寄詹事府，每日入聽。敬容謂孜
曰：「昔晉代喪亂，頗由祖尚玄虛，胡賊殄覆中夏。今東宮復襲此，
殆非人事，其將為戎乎。」（選）何氏自晉司空充、宋司空尚之，世

業佛法。並建立塔寺。弘敷盛大。捨宅東為伽藍。趣勢者因助財造構。敬容並不拒。……輕薄者因呼為眾造寺焉。及敬容免職出宅。止有常用器物及囊衣而已。[illegible][illegible]財貨。時亦以此稱之。

延業業佛[illegible][illegible][illegible][illegible]談

陳吏部尚書姚察曰。魏正始及晉之中朝。時俗尚於玄虛。貴為放誕。尚書丞郎以上。簿領文案。不復經懷。皆成於令史。逮乎江左。此道彌扇。惟卞壼以臺閣之務。頗欲綜理。阮孚謂之曰。卿常無閑暇。不乃勞乎。宋世王敬弘身居端右。未嘗省牒。風流相尚。其流遂遠。望白署空。是稱清貴。恪勤匪懈。終滯鄙俗。是使朝經廢於上。職事隳於下。小人道長。抑此之由。嗚呼。傷風敗俗。曾莫之悟。永嘉不競。戎馬生郊。宜其然矣

義。（同上）

梁書朱異傳：大同……六年。異啟於儀賢堂奉述高祖老子義。敕許之。及就講。朝士及道俗聽者千餘人。爲一時之盛。時城西又開士林館以延學士。異與左丞賀琛遞日述高祖中庸義。皇太子又召異於玄圃講易。（卅八）

又王規傳：子褒著幼訓以誡諸子：儒……道……釋……雖爲教等差。而義歸汲引。吾始乎幼學。及于知命。既崇周孔之教。兼循老釋之談。江左以來。斯業不墜。汝能修之。吾之志也。（同上）

又劉孺傳：弟覽十六通老易。（同上）

又陸倕傳：少方雅。有志操。能清言。（同二七）

梁方 世祖二子傳。忠壯世子方等。……世祖長子也。母曰徐妃。……嘗著論曰。人生處世。如白駒過隙耳。一壺之酒。足以養性。一簞之食。足以怡形。生在蓬蒿。死葬溝壑。瓦棺石槨。何以異茲。吾嘗夢為魚。因化為鳥。當其夢也。何樂如之。及其覺也。何憂斯類。良由吾之不及魚鳥者遠矣。故魚鳥飛浮。任其志性。吾之進退。恒存掌握。舉手懼觸。搖足恐墮。若使吾終得與魚鳥同遊。則去人間如脫屣耳。初徐妃以嫉妒失寵。方等意不自安。世祖聞之。又惡方等。……益懼。故述論以申其志焉。

貞惠世子方諸……世祖第二子。……幼聰警博學。明老易。善談玄。風采清越。辭辯鋒生。特為世祖所愛。（同上）

梁書孝行傳江紑傳：好老莊玄言，尤善佛義。（卷四七）

又儒林傳序：魏正始以後，仍尚玄虛之學，為儒者蓋寡。（卷四八）

伏曼容傳：曼容……為周易毛詩喪服集解老莊論語義。（卷四八）

嚴植之傳：少善莊老，能玄言。（卷四八）

又文學傳：庾於陵七歲能言玄理。（卷四九）劉昭七歲通老莊義。（卷五〇）

謝幾卿傳：補國子生。齊文惠太子自臨策試，謂祭酒王儉曰：幾卿本長玄理，今可以經義訪之。儉承旨發問，以方理數，可信所習策問。幾卿隨事辨對，辭無滯者。文惠大稱賞焉。……（案：寵——當在左）出。幾卿詳悉故實，僕射徐勉每有疑滯，多詢訪之。然性通脫，會意便行，不拘朝憲。嘗預樂遊苑宴，不得醉而還，因詣道邊酒壚。

停車褰幔。與車前三騶對飲。時觀者如堵。幾卿處之自若。後以在省署夜著犢鼻褌。與門生登閣道。飲酒酣呼。為有司糾奏。坐免官。（五十）……幾卿雖免去。……時左丞庾仲容亦免歸。二人意志相得。並肆情誕縱。或乘露車。歷遊郊野。既醉則執鐸挽歌。不屑物議。（五十）何思澄子朗早有才思。工清言。周捨每與共談。服其精理。（五十）庾仲容仲容博學。少有盛名。頗任氣使酒。好危言高論。士友以此少之。唯與王籍謝幾卿情好相得。二人時亦不調。遂相追隨。誕縱酣飲。不復持檢操。（五十）梁書處士傳劉訏。訏善玄言。尤精釋典。（五十）庾詵著通中指白。新野庾詵。……潁川庾承先。字子通。該涉釋教。——詵承先門侍郎。亦先爲中書侍郎。……託稱疾不赴。……子莫容。……

帝審……莊子義疏。……（全齊）

廣陵人。主經釋典，廟不倦焉。

……鄱陽忠烈王在州。錄天文。愛與遊處。又令撰其書。

右僕射。國事甚集。陶弘景甚推服。陶瑞鏡子。齊之徐州。欲薦者有所未

陶。……中大通三年。廬山劉慧斐。劉允亦兼之有舊。孫從

之。蘭陵蕭子雲。周弘正及先讓等。湘東王執曾解讀論語講疏日。

深相賞接。（全梁下）

學當止足。仲蕭嚴著。能清言。（全二齊）

又言史傳伏膺墨客之子也。幼傳父業。外究玄理。（全三梁）

又儀曹侍先生丹陽陶弘景。隱於華陽山。博學多識。嘗曰夷

甫任散誕。平叔坐談空。」不意昭陽殿。化作單于宮。大同末。人士
競談玄理。不習武事。至是景果居昭陽殿。（同上）
陳書後主本紀史臣曰。「……自魏正始晉中朝以來。貴臣雖有識
（同上）
治者。皆以文學相處。罕關庶務。朝章大典。方參議焉。文案簿領。
咸委小吏。浸以成俗。迄至於陳。後主因循。未遑改革。故施文慶
沈客卿之徒。專掌軍國要務。姦黠左道。以裒刻為功。自取身榮。
不存國計。是以朝經隳廢。禍生鄰國。（同上）
又馬樞傳。六歲能誦孝經論語老子。及長。博極經史。尤善佛經。及
周易老子義。邵陵王綸為南徐州刺史。素聞其名。引為學士。
綸時自講大品經。令樞講維摩老子周易。同日發題。道俗聽者

二十人。（十六上）

陳書王固傳：……崇信佛法。……而於玄言非所長。（廿上）

又周弘正傳：……為叔父……捨所養。年十歲，通老子周易。捨每

與談論，輒異之，曰：觀汝神情穎悟，清理警發，後世知名，當出吾

右。（四五上） 元帝嘗著金樓子，曰：吾於諸僧重招提琰法師，隱士

重華陽陶貞白，士大夫重汝南周弘正，其於義理，清轉無窮，亦

一時之名士也。（四六上） 弟弘直子確，質好玄言，世父弘正特所鍾

愛。（五上）

周弘正令袁憲樹麈尾于國學。（陳書袁憲傳 廿四上）

陳書孫瑒傳：常於山齋設講肆，集玄儒之士，冬夏資奉，為學者

[illegible]（[illegible]征）

陳書徐陵傳十二（通）[illegible]梁簡文在東宮。……令於少傅府述所製莊子義。（卅六征）

有四子。儉。份。儀。僔。……儀。……子周易生學

高和。（[illegible]征）　孝克。陵之第三弟也。少為周易生。有口辯。能談玄理。

（征）

陳書儒林傳戚袞。梁簡文在東宮……又嘗置宴集玄儒之士……

……（卅三征）　全緩。治周易老莊。時人言玄者咸推之。（征）傳

譏篤好玄言。受業於汝南周弘正。每有新意。為先輩推服……

及侯景寇逆。於圍城之中。猶侍哀太子於武德後殿講老莊。……

……天嘉中。遷國子助教。是時周弘正在國學。發周易題。弘正第

の弟弘直亦在講席。譏與弘正論議。弘正乃屈。弘直危坐厲聲助其申理。譏乃正色謂弘直曰。今日義集。辯正名理。雖知兄弟急難。の公不得有助。弘直曰。僕助君師。何為不可。舉坐以為笑樂。弘正嘗謂人曰。吾每登座。見張譏在席。使人懍然。……後主在東宮。集官僚置宴。時造玉柄麈尾新成。後主親執之曰。當今雖復多士如林。至於堪捉此物。惟張譏耳。即手授譏。仍令於溫文殿講莊老。……後主嗣位。……後主常幸鍾山開善寺。召從臣坐於寺西南松林下。敕召譏豎義。時索麈尾未至。後主敕取松枝。手以屬譏曰。可代麈尾。顧謂群臣曰。此即是張譏後身。……譏性恬靜。不求榮利。常慕閑逸。所居宅營山池。植花果。講周易老莊而[illegible][illegible][illegible]。吳郡陸元朗朱孟博。一乘寺沙門法才。法雲寺沙門慧休。至真觀道士姚綏。皆傳其業。譏所撰。周易義三十卷……老子義十一卷。莊子內篇義十二卷。外篇義二十卷。雜篇義十卷。玄部通義十二卷。又撰遊玄桂林二十四卷。後主嘗敕人就其家寫入秘閣。卅三下

張譏……時有東陽龔孟舒者……善談名理。卅三上

陳書文學傳陸琰。弟瑜。嘗受莊老於汝南周弘正。學成實論於僧滔法師。並通大旨。卅四上

又新安王伯固傳。伯固頗知玄理。而墮業無所通。至於擿句問難。往往有奇意。卅六上

南史梁本紀簡文帝善談玄理（八卷）

又元帝承聖三年秋九月辛卯帝於龍光殿述老子義……冬十月丙寅魏軍至襄陽梁王蕭詧率衆會之丁卯停講內外戒嚴輿駕出行圍柵……丙子續講百寮戎服以聽（八卷）

談言而放逸者於時謂我卿丸師（南史陸慧曉傳）是也如言桂陽王鑠則只可謂有疾病耳（四十三卷）

同此而應本其為王猶之延之論之著者（卅二卷）任章（四十一卷）陸瑜（六十八卷）柳世隆（四十八卷）崔慧景（四十五卷）是也

其人或恬退若有出塵之致度外其名蕭睿素（四十八卷）王僧佑（五十一卷）周顒（卅四卷）梁武太子（五十四卷）是也

｜史靜不為口說者王思遠是也（卅二卷）

有大節有齡其如周弘正是也（卅四卷）

時人說為風

度於王𢽾（卅三上）、褚彥回（卅九上）、任緒（卅三上）、任敷（卅三上）、劉繪（卅九上）、沈

勝士（七六上）是也。

南史王僧虔傳：嘗有書誡子曰：……往年有意於史，取三國志聚

置牀頭，百日許，復從業就玄。汝曾未窺其題目，未辨其指歸。而

終日自欺人，人不受汝欺也。（卅二上）

又鄭鮮之傳：宋武帝少事戎旅，不經涉學。及為宰相，頗慕風流，時

或談論，人皆依違，不敢難。鮮之難必切至，未嘗寬假。與帝言，要

須帝理屈，然後置之。帝有時慚恧變色，既而感其輸情。時人謂為格

佞。（卅三，四上）

又宗室傳：[illegible]子[illegible]之之弟七子[illegible]，大清初，為新興

大寶。梁州刺史宜豐侯循以為府長史。梁州有古墓名曰尖冢。或云張騫墳。欲有發者。輒聞冢中鼓角與外相拒。椎埋者懼而退。謂無此理。求自發掘。及開。唯有銀鏤銅鏡方尺數枚。時屆以服。清談所貶。（同上）

南史王球傳……時大將軍彭城王義康專以政事為本。刀筆幹練者多被意遇。謂劉湛曰。王敬弘王球之屬。竟何所堪。施為自富貴。那可解。（殷景仁卒。球除為光祿）……素有脚疾。多病還家。朝直至少。錄尚書江夏王義恭謂尚書何尚之曰。當今之事。宜須戮力。而王球放恣如此。宜以法糾之。尚之曰。球有素尚。加又多疾。應以淡退求之。未可以文案責也。義恭乃面啟文帝曰。王球有素譽。頗以物外自許。端任要切。或非所長。帝曰。誠知如此。要是時望所歸。昔周伯仁終日飲酒而居此任。蓋所以崇素德也。遂見優容。（廿三 6下）

南史王彧傳：字景文。名與明帝諱同。故以字行。伯父智。少簡貴。有高名。宋武帝甚重之。常言見王智使人思仲祖。武帝與劉穆之謀討劉毅。而智在焉。他日穆之白武帝曰。伐國重事。公言何乃使王智知。武帝笑曰。此人高簡。無關此等論議。其見知如此。（廿三 7上）

又王准之傳：時大將軍彭城王義康錄尚書事。每歎曰。何須高論玄虛。正得如王准之兩三人。天下便足。然寡風素。情悄急。不為時流所重。（廿四 7上）

南史何敬容傳：敬容久處臺閣，詳悉遷前以來舊事。且聰明識達。勤於簿領。詰朝理事。日旰不休。穆隆任重。才謗欒塞。而拙於草隸。傳於學術。通苞苴餉饋。無饋則始不免譏。自晉宋以來。宰相皆文義自逸。敬容獨勤庶務。貪吝為時所嗤鄙。（此止）簡文頻於玄圃自講老莊二書。學士吳孜時寄詹事府。每日入聽。敬容謂孜曰。昔晉氏喪亂。頗由祖尚玄虛。胡賊遂覆中夏。今東宮復襲此。殆非人事。其將為戎乎。（此止）

又劉湛傳：少有局力。不尚浮華。博涉經傳。諳前代舊典。弱年便有宰物情。常自比管葛。不為文章。不喜談議。（此止）

又陳顯達傳：……子休尚。為郢府主簿。過九江拜別。顯達曰。……

麈尾蠅拂。是王謝家物。汝不須捉此自隨。即取於前燒除之。(四)

(五卅)

南史明山賓傳……詔使公卿舉士。左衛將軍江祏上書薦山賓才堪理劇。而明帝不重學。謂祏曰。聞山賓讀書不輟。何以安邦。遂不用。(五十卅)

又恩倖傳劉係宗……久在朝省。閑於職事。武帝常云。學士輩不堪經國。唯大讀書耳。經國一劉係宗足矣。沈約王融數百人。於事何用。其重吏事如此。(七七 670)

寫書秘閣付學所亭書題日。補闕於遠日後步。使於此得寫相亂。

(卅三頁)

魏書高祖紀　善談莊老。尤精釋義。　悠然玄邁。不以世務嬰心。

至年十五。便不復殺生。射獵之事悉止。（七十九上）

又昭成子孫傳　毗陵王順。昭成子地干之子也。太祖好黃老。數召

諸王及朝臣親為說之。在坐莫不祇肅。順獨坐寐欠伸。不顧而

唾。太祖怒。廢之。任司隸校尉　以王薨於家。（十五下）

又孝文五王傳　清河王懌。博涉經史。兼綜群言。有文才。善談理。

仁容稱嘉。然為雅推也。（廿二下）

又崔浩傳　性不好老莊之書。每讀不過數十行。輒棄之曰。此矯誣

之說。不近人情。必非老子所作。老聃習禮。仲尼所師。豈設敗法

之書。以亂先王之教。袁生所謂家人筐篋中物。不可揚於王庭

也。」（四五五頁）

魏方虛玄傳：性好玄理。（〇七頁）

又程駿傳：師事劉昞……駿謂昞曰：今世名教之儒，咸謂老莊其言虛誕，不切實要，弗可以經世。駿意以為不然。夫老子著抱一之言，莊生申性本之旨；若斯者，可謂至順矣。人若乖一則煩偽生，爽性則沖真喪。昞曰：卿年尚稚，言若老成，美哉！」（六〇八頁）顯

祖瑩引駿與論易老之義。」（六〇七頁）

又邢瓊傳：瓊妻善談釋老之義。」（六五五頁）

又裴叔業傳：兄子植少而好學，覽綜經史，尤長釋典，善談理義。」（六一一頁）

魏書陽尼傳後孫固，時世宗廣訪得失。固上讜言表曰……絶談

虛窮微之論……（七二丁）

又高崇傳子謙之留意老易。（七七丁）

又魏書杜弼傳 弼性好名理，探味玄宗。自在軍旅，帶經從役，注老

子道德經二卷，表上之。世宗（廿四丁） 六年四月八日，魏帝集名僧

於顯陽殿講說佛理，弼與吏部尚書楊愔、中書令邢邵、秘書監

魏收等並侍法筵。敕弼升師子座，當眾敷演。昭玄都僧達及僧

道順並緇林之英，問難鋒至，往復數十番，莫有能屈。帝曰：此賢

若生孔門，則何如也。（廿丁） 嘗與邢邵扈從東山，共論名理。言[illegible]

則生[illegible]及人氏道生衍則共佛別與邢抄……家答往復再三

[illegible]至神去此[illegible]諸後[illegible]

所部稱屈而止。文采不載。」耿好書禮。事而獨篤。又法孫子史

魏蕭。乃上下輯。君射法有效。若行程也。」（四十五上）

北方言，加書續傳曰首郡萬。即續崇之。與續清言。詩其前書道。」（四十九下）

又王脩傳：脩雅好清言。詞無浮蕩。」以清白著稱。學識有風訓。

廿九上。」孝風流蘊藉。世號王氏九龍。」（四十五下）而歸性自清貞明。

雅年未歷軍。而雅操不移。在安州。雅成傳陽國。未嘗以世務為

累。自居萬象。常嘯詠遊遨。登臨山水。以談讌為事。人士語之稱外

同集。（四十）

又楊愔傳：所清言。義音制。風神俊悟。容止可觀。人士見之。莫不敬

異。自參傳以來，大臣之。」（四十九下）

北齊書裴讓之傳：與楊愔友善。相遇則清談竟日。（世說上）
又盧潛傳：潛從祖兄懷仁，懷仁從父昌衡，武平末。尚書郎沈靖
有才識。風儀蘊藉。容止可觀。天保中。尚書王昕。以雅談獲罪。諸
弟尚守而不墜。自茲以後。此道頓微。昌衡與頓丘李若。彭城劉泰
珉。河南陸彥師。隴西辛德源。太原王循。並為後進風流之士。（同
二（世說下）
又羊烈傳：能言名理。以玄學知名。（同上注）
周書陸騰傳：父旭。性雅澹。好玄易。得緯候之學。撰五星要訣及兩儀
真圖。頗得其指要。（世說下）
又崔彥穆傳：陳氏請敦隣好。詔彥穆使焉。彥穆風韻閑曠。器度方

精善玄言。終陵讓。若爲江陵所稱。（四八北）

周書儒林傳盧光，又好玄言（四五北）。撰道德經章句，行於世。（四五北）

隋書地理志論各地方風俗

玄學家言易者可看隋經籍志易書目（四三）子部道家目（四四北）

文雜傳類有　海內名士傳一卷　正始名士傳三卷袁敬仲撰　江左名士傳一卷劉義慶撰　竹林七賢論二卷晉太子中庶子戴逵撰　七賢傳五卷孟氏撰（四三北）

魏書儒林傳序：暨天平……四年……便當衡……行又同易日、六使是有無。輩與等。所傳大概是無。無不玄學。何前輩既所（四北）

進度蕃露刊讚○[illegible]新婦本傳（卅了下牡）

劉孝綽丁丁打叛○見梁書本傳（四三下72）

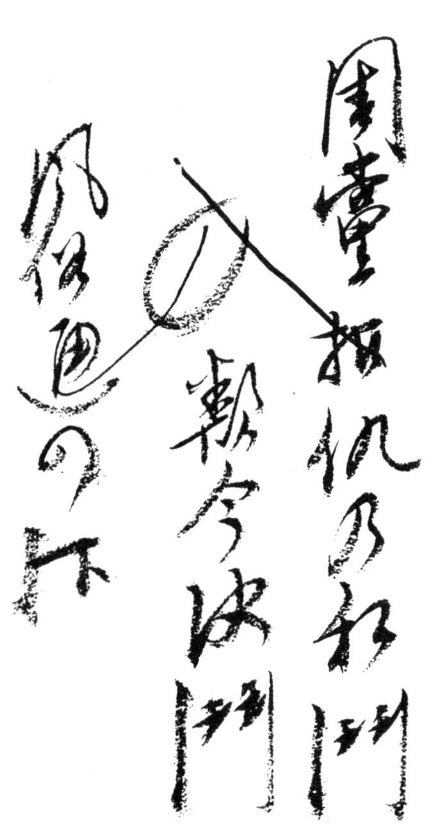

風俗

風俗

猶抒佚材

風俗通序

風俗

一時代之心理特徵，爲整個文化發達之基

人不相諒由社會組織。經驗同則見解同，見解同則互相了解，故以共信仰禮節在社會組織上極重要。元始團體本占此功用。今職業分化，使人活動相背馳，不相諒解，遂日甚。民主國民皆受共同教育，養成其共同之態度及行爲。按生活即教育，生活歧異而欲以教育齊之，其可得耶

風俗

相如亦曰請以秦之咸陽爲趙王壽秦王竟酒終不能加勝於趙趙亦盛設兵以待秦秦不敢動既罷歸國以相如功大拜爲上卿位在廉頗之右〔索隱〕王劭按董勛答禮曰職高者名錄在上於人爲右職卑者名錄在下於人爲左是以謂下遷爲左〔正義〕秦漢以前用右爲上 廉頗曰我爲趙將有攻城野戰之大功而藺相如徒以口舌爲勞而位居我上且相如素賤人吾羞不忍爲之下宣言曰我見相如必辱之相如聞不肯與會相如每朝時常稱病不欲與廉頗爭列已而相如出望見廉頗相如引車避匿於是舍人相與諫曰臣所以去親戚而事君者徒慕君之高義也今君與廉頗同列廉君宣惡言而君畏匿之恐懼殊甚且庸人尚羞之況於將相乎臣等不肖請辭去藺相如固止之曰公之視廉將軍孰與秦王曰不若也相如曰夫以秦王之威而相如廷叱之辱其羣臣相如雖駑獨畏廉將軍哉顧吾念之彊秦之所以不敢加兵於趙者徒以吾兩人在也今兩虎共鬭其勢不俱生吾所以爲此者以先國家之急而後私讎也廉頗聞之肉袒負荊〔索隱〕肉袒者謂袒衣而露肉也負荊者荊楚也可以爲鞭也 因賓客至藺相如門謝罪曰鄙賤之人不知將軍寬之至此也卒相與驩爲刎頸之交〔索隱〕崔浩云要齊生死而刎頸無悔也 是歲廉頗東攻齊破其一軍居二年廉頗復伐

史記廉頗藺相如列傳

風俗

龐涓俱學兵法【索隱】臏頻忍反龐皮江反涓古玄反龐涓既事魏得爲惠王將軍而自以爲能不及孫臏乃陰使召孫臏臏至龐涓恐其賢於己疾之則以法刑斷其兩足而黥之欲隱勿見齊使者如梁【正義】今汴州孫臏以刑徒陰見說齊使齊使以爲奇竊載與之齊齊將田忌善而客待之忌數與齊諸公子馳逐重射孫子見其馬足不甚相遠馬有上中下輩於是孫子謂田忌曰君弟重射【索隱】弟且也重射謂好射也臣能令君勝田忌信然之與王及諸公子逐射千金【正義】射音石賭逐而射賭千金及臨質【索隱】質猶對也將欲對射之時也一云質謂堋非也孫子曰今以君之下駟與彼上駟取君上駟與彼中駟取君中駟與彼下駟既馳三輩畢而田忌一不勝而再勝卒得王千金

孫子吳起列傳

此可見富貴者喜闘雞走狗等六博蹋鞠情

一設律例十八卷　古人證據

王賀居下五条

明鬼下第三十一淮南子氾論訓作右鬼高注云右猶尊也漢書藝文志亦同顏注引此作明鬼神疑衍神字明謂明鬼神之實有也

子墨子言曰逮至昔三代聖王既沒天下失義諸侯力正畢云正同征詒讓按節葬下篇作征字通天志下篇云兼之為道也義正別之為道也力正周禮禁暴氏禁庶民之亂暴力正者鄭注云力正以力強得正也是以存夫為人君臣上下者之不惠忠也父子弟兄之不慈孝弟長貞良也正長之不強於聽治賤人之不強於從事也民之為淫暴寇亂盜賊畢云舊脫亂字据下文增以兵刃毒藥水火退無罪人乎道路率徑蘇云退疑當作遏下文同俞云退字無義疑迫字之誤謂迫而奪其車馬衣裘也率徑二字亦無義据下文此語兩見而皆無率徑二字疑為衍文按二說皆非也退當為迓字之誤迓與禦通書牧誓弗迓克奔釋文引馬融本迓作禦云禁也史記周本紀弗迓作不禦集解引鄭注云禦彊禦謂彊暴也孟子萬章篇云今有禦人于國門之外者趙注云禦人以兵禦人而奪之貨即其義也率徑當讀為術徑屬上道路為句率聲與术聲古音相近廣雅釋詁云率述也白虎通義五行篇云律之言率所以率氣令生也周禮典同鄭注云律述氣者也述氣即率氣是其證說文行部云術邑中道也月令審端徑術鄭注云術周禮作遂夫間有遂遂上有徑遂小溝也步道曰徑杜臺卿玉燭寶典引蔡邕月令章句云術車道也徑步道也鄭蔡說並通漢書刑法志亦云術路如淳注云術大道也俞以術徑為衍文亦誤奪人車馬衣裘以自利者並作由此始是以天下亂此其

子路問强强勇者所好也○强其良反下同好呼報反○子曰南方之强與北方之强與抑而强與言三者所以爲强者異也抑辭也而之言女也謂中國也○女音汝下抑女同寬柔以教不報無道南方之强也君子居之南方以舒緩爲强不報無道謂犯而不校也○校交孝反報也衽金革死而不厭北方之强也而强者居之衽猶席也北方以剛猛爲强○衽而忍反厭於艷反故君子和而不流强哉矯中立而不倚强哉矯國有道不變塞焉强哉矯國無道至死不變强哉矯此抑女之强也流猶移也塞猶實也國有道不變以趣時國無道不變以辟害有道無道一也矯强貌塞或爲色○矯居表反下同倚依彼反徐其蟻反疏○子路至哉矯○正義曰此一節明中庸之道亦兼中國之强子路聞孔子美顏回能擇中庸言己有强故問之問强中亦兼有中庸否庾氏云問强中之中庸者然此問之亦如論語云子謂顏淵曰用之則行舍之則藏唯我與爾有是夫子路曰子行三軍則誰與之類是也○子曰南方之强與北方之强與抑而强與者抑語助也而之言女也女子路也夫子將荅子路之問且先反問子路言强有多種女今所問何者之强爲南方爲北方爲中國女所能之强也子路之强行中國之强也○寬柔以教不報無道南方之强也君子居之者反問既竟夫子遂爲歷解之南方謂荆陽之南其地多陽陽氣舒散人情寬緩和柔假令人有無道加己己亦不報和柔爲君子之道故云君子居之○衽金革死而不厭北方之强也而强者居之者衽臥席也金革謂軍戎器械也北方沙漠之地其地多陰陰氣堅急故人生剛猛恒好鬬爭故以甲鎧爲席寢宿於中至死不厭非君子所處而强梁者居之然唯云南北不云東西者鄭沖云是必南北互舉蓋與東西俗同故不言也故君子和而不流强哉矯此以下皆述中國之强也流移也矯亦强貌也不爲南北之强故性行和合而不流移心行强哉形貌矯然○中立而不倚强哉矯者中正獨立而不偏倚志意强哉形貌矯然○國有道不變塞焉强哉矯者若國有道守直不變德行充實志意强哉形貌矯然○國無道至死不變强哉矯者若國之無道守善至死性不改變志意强哉形貌矯然○注此抑至强貌○正義曰此抑女之强也何以知之上文既說三種之强又見南方之强又見北方之强唯抑而之强未見故知此經所云者是抑女之强也云流移也者以其性和同必流移隨物合和而不移亦中庸之德也云國有道不變以趣時者國雖有道不能隨逐物以求榮利今不改變己志以趣會於時也云矯强貌者矯是壯大之形故云强貌也

風俗

土均上士二人中士四人下士八人府二人史四人胥四人徒四十人均猶平也主平土地之政令者也疏土均至十人○釋曰土均在此者案其職云掌平土地之政均地守均地事均地貢並是徵斂土地之事故在此宜也○注均猶至者也○釋曰案其職云掌平土地以均地守故云均猶平也是主平土地之政令也

土均掌平土地之政以均地守以均地事以均地貢政讀爲征所平之稅邦國都鄙也地守虞衡之屬地事農圃之職地貢諸侯之九貢○之政音征出注疏注政讀至九貢○釋曰鄭破政爲征者不取於政教之政故破從征稅之征也云所平之稅邦國都鄙也者案下文云以和邦國都鄙者故知此平者亦據邦國都鄙若六鄉六遂及公邑征稅自均人平之云地守虞衡之屬者案下文山虞澤虞川衡林衡之屬皆云守玆知地守是虞衡之屬也云地事農圃之職者九職任萬民使民事之故知地事是九職三農園圃之職也云地貢諸侯之九貢者此土均邦國都鄙而云均地貢明據大宰九貢而言但諸侯九貢是歲之常貢則小行人春令入貢者是也其諸侯九貢皆民之地稅不貢王市取美物若禹貢厥篚厥貢之類是也

以和邦國都鄙之政令刑禁與其施舍禮俗喪紀祭祀皆以地媺惡爲輕重之灋而行之掌其禁令施讀爲弛也禮俗邦國都鄙民之所行先王舊禮也君子行禮不求變俗隨其土地厚薄爲之制豐省之節耳禮器曰禮也者合於天時設於地財順於鬼神合於人心理萬物○爲于僞反省所景反疏以和至禁令○釋曰土均主調即是和義故土均以和鑠外邦國都鄙之政令及五刑五禁與其施舍不役之等並須調和之使之得所也云禮俗喪紀祭祀皆以地媺惡爲輕重之法而行之者自禮俗喪紀祭祀三事皆以地之美惡輕重者地美則重行之地惡則輕行之以其禮許儉不非無故也云掌其禁令者恐有僭踰與下逼故禁令也○注施讀至萬物○釋曰云施讀亦爲弛也者上遂人注已云施讀爲弛故此云亦云禮俗邦國都鄙民之所行先王舊禮也者此土均和邦國都鄙俗者續也續代不易是知先王舊禮故引曲禮君子行禮不求變俗以證之謂若周公封康叔於殷墟其民還行殷之禮俗者也云隨其土地厚薄爲之制豐省之節耳者以厚薄解經媺惡豐省解經爲輕重之法也云禮器曰禮也者合於天時者天有四時四時生者則將爲禮是合於天時也云設於地財者土地有財爲禮是所設依於地之財也云順於鬼神者鬼神享德不享味若不合天時不設地財而爲禮則鬼神不享若能合天時設地財則鬼神享之是順於鬼神也云合於人心者若不合天時不設地財則不合人心若合天時設地財則合人心也云理萬物者若順鬼神合人心則萬物得其道理故可以理萬物也引之證行禮依地美惡之義

君賜車馬，乘以拜；賜衣服，服以拜。敬君惠也。賜君未有命，弗敢即乘服也。謂卿大夫受賜於天子者，歸必致於其君，君有命乃服之。君賜，稽首，據掌致諸地。致首於地，據掌以左手覆按右手也。○覆，芳服反。酒肉之賜，弗再拜。輕也。受重賜者，拜受又拜於其室也。凡賜君子與小人不同日。慎於尊卑。○慎，一本作順。疏 君賜至同日。○正義曰：此一節論受君賜之法。君賜車馬，乘以拜；賜衣服，服以拜者，謂受君賜至則拜，至明日更乘服所賜往至君所又拜，敬重君恩故也。賜君未有命，弗敢即乘服也者，此使臣雖受賜於王，不敢即乘服，當歸國獻其君，君命與之，則臣乃乘服耳；若君未有命，即不敢乘服也。○君賜者，明受君賜拜謝之法也。稽首者，頭至地也。據掌者，據，按也，謂卻右手而覆左手按於右手之上也。致諸地者，致，至也，謂頭及手俱至地，左手按於右手之上至地也。酒肉之賜弗再拜者，亦謂君賜也。再猶重也。酒肉輕，但初賜至時則拜，至明日不重往拜也。凡賜君子與小人不同日者，凡於君子小人也，不同日者，慎尊卑之雜也。○凡獻於君，大夫使宰，士親，皆再拜稽首送之。敬也。膳於君有葷桃茢，於大夫去茢，於士去葷，皆造於膳宰。膳，美食也。葷桃茢，辟凶邪也。大夫用葷桃，士桃而已。葷，薑及辛菜也。茢，菼帚也。造於膳宰，既致命而授之。葷或作焄。○葷，許云反，注焄同。茢音列，又音例。去，起呂反，下同。造，七報反，注同。辟，必亦反。邪，似嗟反。菼，吐敢反，郭璞云烏蓲也，取其苗爲帚。帚本或作箒，之手反。大夫不親拜，爲君之荅己也。不敢褻動至尊。○爲，于僞反，下注爲其同。疏 凡獻至己也。○正義曰：此一節論臣獻君之物及致膳於尊者之義。凡獻於君者，凡於大夫士也，謂大夫士有食獻君法也。大夫使宰者，大夫尊，恐君拜己之獻，故不自往而使己膳宰往獻也。士親者，以士賤，不嫌君拜，故身自親送也。皆再拜稽首送之者，雖大夫使人，初於家亦自拜送，而宰將命及士自送至於君門付小臣之時，宰及士皆再拜而送之也。膳於君有葷桃茢者，美食曰膳，謂天子諸侯之臣獻孰食於君法也。恐邪氣干犯，故用辟凶邪之物覆之。葷謂薑之屬也，桃，桃枝也，茢，菼帚也。於大夫去茢者，謂大夫之臣以食獻大夫，降於正君，除去茢，餘有葷與桃也。於士去葷者，謂士之臣吏以食獻士也，又去葷，唯餘桃耳。皆造於膳宰者，皆，皆於君大夫士也。造，至也。膳宰，主飲食官也。獻孰食者操醬齊以致命，致命竟，而以所獻之食悉付主人之食官也。○大夫不親拜爲君之荅己也者，解大夫所以不自獻義也。自獻則屈動君拜荅己也，故不親也。大夫拜賜而退，士待諾而退，又拜，弗荅拜。小臣受大夫之拜，復以入告，大夫拜，便辟也。○復，扶又反，下不復同。辟音避，下辟尊者同。大夫親賜士，士拜受，又拜於其室。衣服弗服以拜。異於君惠也。拜受又就拜於其家，是所謂再拜也。敵者不在，拜於其室。謂來賜時不[illegible]不復往也。○敵，本又作適，音狄。凡於尊者有獻，而弗敢以聞。此謂獻辭也。少儀曰：君將適他，臣若致金玉貨貝於君，則曰致馬資於有司，是其類也。士於大夫不承賀，下大夫於上大夫承賀。承，受也。士有慶事，不聽大夫親來賀己，不敢褻動尊也。○聽，天丁反。親在，行禮於人稱父，人或賜之則稱父拜之。事統於尊。疏

大夫至拜之○正義曰此一節明尊卑受賜拜謝之禮各隨文解之○大夫拜賜而退者大夫往拜至於門外告君之小臣小臣受其辭入以白君小臣亦入大夫乃拜之拜竟則退不待白報恐君召進荅已故也士待諾而退者君不拜士士故於外拜拜竟又待小臣傳君之報諾出以退○又拜者小臣傳君諾出則士又拜君之諾報也○弗荅拜者謂君不荅士拜也○大夫親賜士士拜受又拜於其室者初亦即拜受又往彼家拜也○衣服弗服以拜者得君賜服服以拜大夫輕故不服其所賜而往拜之也○注拜受至拜也○正義曰所謂再拜也者前云酒肉之賜弗再拜此非酒肉賜故再拜也○敵者不在拜於其室○其室獻者之家也敵者相獻若當時主人在則主人拜受不復往彼家拜也若獻時主人不在所留物置家主人還必往彼家拜謝獻也若朋友則論語云朋友之饋非祭肉雖車馬不拜也○凡於尊者有獻而弗敢以聞者○凡謂賤者也謂臣有獻於君士有獻於大夫也不敢以聞者謂有物以獻尊者其辭不敢云獻聞於尊者但當云致馬資於有司及贈從者之屬也○注此謂至類也○正義曰引少儀者證不敢聞也他他國也君或朝天子或往朝諸侯若臣有金玉貨貝物獻君當但云致馬資於有司不敢言獻君也言君尊恒足應無所乏故也○士於大夫不承賀者承受也不受賀者謂士有慶事不聽大夫親來賀已不敢變動尊者故也○下大夫於上大夫承賀者尊相近故受也

狗盜

鋳冶術做大師一瞬為狗盜之子与刑范子臧

家私誇盜子曰吾父之業狗有尾　佯言

看為居所盜之狗尾　唐子强罷狗盜家狗口

入人家故役居尾有往聚

風俗

古〻拵

一人拵重大変拵

老拵不予拵

朝夕不拵

〻〻〻〻

一 非當道諸〻古人ノ礼ナ一定ノ風来

出八乃人

因拵子

為拵子

一 諸古形ノ来ル近人情来異也

風俗

三代風俗

表記—急柔樸了周末—

說苑修文篇

白虎通王者設三教者

董仲舒對策

夏道—墨子—孫星衍序

—淮南

風俗

子曰周監於二代郁郁乎文哉吾從周孔曰監視也言周文章備於二代當從之疏子曰至從周○正義曰此章言周之禮文猶備也周監於二代郁郁乎文哉者監視也二代謂夏商郁郁文章貌言以今周代之禮法文章迴視夏商二代則周代郁郁乎有文章哉吾從周者言周之文章備於二代故從而行之也

至於道包曰言齊魯有太公周公之餘化太公大賢周公聖人今其政教雖衰若有明君興之齊可使如魯魯可使如大道行之時

十三經注疏 論語六 雍也六

公大賢周公聖人今其政教雖衰若有明君興之齊可一變使如於魯魯可一變使如於大道行之時也

疏子曰齊一變至於魯魯一變至於道○正義曰此章言齊魯有太公周公之餘化太

十五

子曰齊一變至於魯魯一變

廣

風俗

古時已以負犬

傳二十四年春王正月秦伯納之不書不告入也納重耳也及河子犯以璧授公子曰臣負羈紲從君巡於天下羈馬羈紲馬繮○羈紀宜反說文云馬絡頭也紲息列反說文云繫也從才用反又如字繮居良反疏注羈馬羈紲馬繮○正義曰說文云羈馬絡頭也又曰馬絆紲係也少儀云犬則執紲牛則執紖馬則執靮服虔云一曰犬繮曰紲古者行則有犬杜今正以紲爲馬繮者紲是係之别名係馬係狗皆得稱紲彼對文耳散則可以通巡於天下用馬爲文故主於馬耳

佳芳

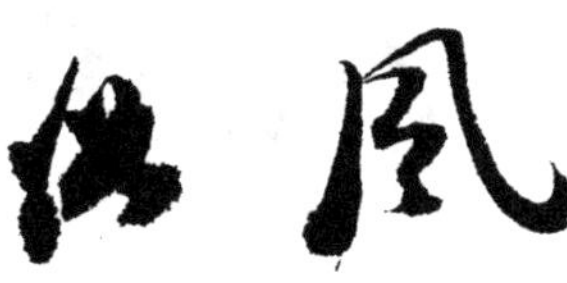

○魯人有周豐也者哀公執摯請見之下賢也摯禽摯也諸侯而用禽摯降尊就卑之義○摯音志下戶嫁反而曰不可辭君以尊見卑士禮先生異爵者請見之則辭公曰我其已夫已止也重強變賢○夫音符強其丈反使人問焉曰有虞氏未施信於民而民信之夏后氏未施敬於民而民敬之何施而得斯於民也時公與三桓始有惡懼將不安對曰墟墓之閒未施哀於民而民哀社稷宗廟之中未施敬於民而民敬言民見悲哀之處則悲哀見莊敬之處則莊敬非必有使之者墟毀滅無後之地○虛本亦作墟同魚起反注同處昌慮反下同殷人作誓而民始畔周人作會而民始疑會謂盟也盟誓所以結衆以信其後外侍衆而信不由中則民畔疑之孔子曰其身正不令而行其身不正雖令不從苟無禮義忠信誠慤之心以涖之雖固結之民其不解乎涖臨○涖音利又音類解佳買反舊胡買反

疏　魯人至解乎○正義曰此一節論君之臨臣民當以禮義忠信爲本之事各依文解之○何施而得斯於民也者○有虞氏未施信於民而民信之夏后氏未施敬於民而民敬之言虞之與夏施何政教以化民斯此也而得如此敬信於民也○對曰至民敬○周豐之意以虞之與夏由行敬信於民民見其敬信民自學之不須設言號令故云古昔曰墟及墳墓之閒是所悲哀之處也人在其所未須施設教化令民使哀而民自哀也社稷宗廟之中嚴凝之處人在其中未須施設教化而民自敬言民之從君在君身所行不在言也若身之不行言亦無益故殷人作誓由身

不自行徒有言誓而民始畔也周人作會爲身無誠信而民始疑苟誠也人君之身誠無禮義忠信誠實質慤之心以臨化之雖以言辭誓令堅固結之民其不解散離貳乎言當解散離貳也周豐此言欲令哀公身行敬信不當唯以言辭率下而已○注墟毀滅無後之地○正義曰凡舊居皆曰墟故左傳有莘氏之墟有昆吾之墟故知毀滅無後者以可悲哀故爲無後也○注會謂至疑之○正義曰案昭三年左傳云有事而會不協而盟則盟會別也知此會謂盟者以云而民始疑司盟云邦國有疑則盟詛之故以會爲盟也案尚書夏啓作甘誓此言殷人作誓左傳云夏啓有塗山之會又禹會塗山此云周人作會者此據身無誠信徒作誓盟民因誓因盟而始疑畔非謂殷人始作誓周人始作會若夏啓作甘誓禹會塗山皆身有誠信於事善也穀梁傳云告誓不及五帝盟詛不及三王者五帝三王身行德義不專用誥誓盟詛故云不及與此不同云信不由中則民畔疑之者隱三年左傳云信不由中質無益也此經亦攻而作誓命民乃畔之亦是畔疑之事也

凡例

吉國

〃佛國佐之〃　本國佐之〃

勉案：當作佛，借字也，稱佛作佛，可參觀舊「稱佛佛」

稱作也

字〃〃字子

殷服青親周依為降

殷哭信〃信以睢為奴之國豈而遇閔

世〃〃歲——勉案：堅而無豈殺之，疑亦歲歟（子未非也）宜蓋無人國

校而不違，〃峯為孺〃之遺則國舊稱同治事）

○君子行禮不求變俗，求猶務也。不務變其故俗，重本也。謂去先祖之國居他國。祭祀之禮，居喪之服，哭泣之位，皆如其國之故，謹脩其法而審行之。其法，謂其先祖之制度若夏殷。

疏 君子至行之。○正義曰：此一節論臣去本國行禮之事，各依文解之。○君子行禮者，謂去先祖之國居他國者也。求猶務也。俗者，本國禮法所行也。明雖居他國，猶宜重本，行故國法，不務變之從新也。如杞宋之臣入於齊魯，齊魯之臣入於杞宋，各宜行己本國禮法也。此云不變俗，謂大夫出在他國不變己本國之俗。案鄭荅趙商，以爲衛武公居殷墟，故用殷禮，即引此云君子行禮不求變俗。如鄭之意，不變所往之國舊時風俗，與此不同者，熊氏云：若人臣出居他國，不忘本，故云不變本國風俗；人君務在化民，因其舊俗，往之新國，不須改也。然則不求變俗，其文雖一，但人君人臣兩義不同。熊氏云：必知人君不易舊俗者，王制云：脩其教，不易其俗。又左傳定四年封魯因商奄之人，封康叔於殷虛，啟以商政；封唐叔於夏虛，啟以夏政，皆因其舊俗也。案有列於朝，有詔於國，三代之內，喪服爲舊君齊衰三月，傳曰：三諫不從，待放未絕者，爵祿尚有列於朝，出入尚有詔於國。處喪服所云大夫待放之時，名爲有列有詔，不至三世者，熊氏云：彼據爲舊君著服，故以未去之時名爲有列有詔；此據去國之後，但有列有詔，仍行舊國之禮，斷章取證，故彼此不同。○祭祀之禮者，此陳不變之事，若祭祀之禮不變，即夏立尸，殷坐尸，周旅酬六尸，及先求陰陽，牲騂黑之屬也。居喪之服者，殷雖尊貴，猶服傍親；周則以尊降服。○哭位之位者，殷不重適，周以適爲重，上周世貴正嫡，孫居其首。○皆如其國之故者，謂故俗也。凡上諸事，悉不改革，行之如本國俗也。然上既舉三條，錄冠昏之屬從可知也。○謹脩其法而審行之者，并結前事，各令分明，謹脩本國之法，審慎以行之。其法謂其先祖之制度，若夏殷子孫在周者，悉行其先世之禮，是不變俗也。

去國三世，爵祿有列於朝，出入有詔於國，三世，自祖至孫，踰久可以忘故俗，而猶不變者，爵祿有列於朝，謂君不絕其祖祀，復立其族，若臧紇奔邾，立臧爲矣。詔，告也，謂與卿大夫吉凶往來相赴告。○三世，盧王云：世，歲也，萬物以歲爲世。朝，直遙反，下皆同。復，扶又反，下復還同。紇，恨發反，徐胡切反，沈胡謁反。若兄弟宗族猶存，則反告於宗後。謂無列無詔者，反告亦謂吉凶也。宗後，宗子也。

疏 去國至宗後。○正義曰：此

下明在他國而得變俗者也。將明得變，改上先明未得者也。○去國三世，謂三諫不從，及他事被黜，出入新國，已經三世者，則鄭注云三世自祖至孫也。○爵祿有列於朝者，謂本國君不絕其祖祀，復立族爲後，有朝者也。○出入有詔於國者，出入猶吉凶之事，更相往來也。詔，告也。去已三世，而本國之君猶爲立後不絕，則若有吉凶之事，當與本國卿大夫往來出入，共相赴告，故云出入有詔於國。○注若臧至爲矣。○正義曰：引之者，證有列位也。臧紇，武仲也。時爲季氏家廢長立少，故與孟氏相惡，遂出奔邾。魯人以臧紇有功，復立其異母兄臧爲以守先祀，是有列也。故魯襄二十三年左傳云：臧紇奔邾，使告臧賈，且致大蔡焉，曰：紇不佞，失守宗祧，敢告不弔。紇之罪不及不祀，子以大蔡納請，其可。賈曰：是家之禍，非子之過，賈聞命矣。再拜受龜，使爲以納請，遂自爲也。魯立臧爲，紇致防而奔齊，是其事也。○若兄弟至宗後。○此是出已三世而爵祿無列於朝，吉凶不相詔告，而不仕新國者，宗族兄弟，謂本國之親。宗後，大宗之後也。已本國不列不告，若宗族猶存兄弟尚在已有吉凶當反還告宗適不忘本故也前告國者亦告兄弟耳然既未仕新國猶用本國禮也音義隱云雖無列於朝有吉凶猶反告於宗後其都無親在故國不復來往也

去國三世爵祿無列於朝出入無詔於國唯興之日從新國之法以故國與已無恩興謂起爲卿大夫【疏】去國三世爵祿無列於朝出入無詔至之法○正義曰此猶是論無列無詔而反告宗後者今得仕新國者也但仕新國有異故重言三世也○唯興之日從新國之法者唯興謂已始仕也雖有宗族相告已仕新國而本國無列無詔故所行禮俗悉改從新也然推此而言若本國猶有列詔者雖仕新國猶行故俗何以知然既云無列而從新明有列理不從也又若無詔而不仕新者不得從新何以知然既云唯興明不興則不從無列無詔唯興之日三世即從新國之制孔子去宋既久父爲大夫尚冠章甫之冠送葬皆從殷制者熊氏云案命命決云丘爲制法之主黑綠不伐蒼黃聖人特爲制法不與常禮同也○注興謂起爲卿大夫○正義曰鄭注云起爲卿大夫者則若爲士猶卑不得變本也

自殺以從古人

彼都人士垂帶而厲彼君子女卷

髮如蠆厲帶之垂者箋云而亦如也而厲如鞶厲也鞶必垂厲以爲飾厲字當作裂蠆螫蟲也尾末揵然似婦人髮末曲上卷然○帶音帶本亦作帶厲毛如字鄭當作裂音列卷音權注及下同蠆勑邁反又勑界反螫蟲也通俗文云長尾爲蠆短尾爲蠍蠍音虛伐反鞶薄寒反螫音釋本又作蠚呼莫反揵其言反又音虔漢書音義云舉也又渠偃反一音其蹇反上時掌反

我不見兮言從之邁箋云言亦我也邁行也我今不見士女此飾心思之欲從之行言已憂悶欲自殺求從古人

附釋音毛詩注疏卷第十三（十三之二）　四一

谷風之什詁訓傳第二十

毛詩小雅　鄭氏箋　孔穎達疏

谷風刺幽王也天下俗薄朋友道絶焉【疏】谷風三章章六句至道絶焉。正義曰作谷風詩者刺幽王也以人雖父生師教須朋友以成然則朋友之交乃是人行之大者幽王之時風俗澆薄窮達相棄無復恩情使朋友之道絶焉言天下無復有朋友之道也此由王政使然故以刺之經三章皆言朋友相棄之事漢書地理志云凡民稟五常之性而有剛柔緩急音聲不同繫水土之風氣故謂之風好惡取捨動靜無常隨君上之情欲故謂之俗是解風俗之事也風俗對則小別散則義通蟋蟀云堯之遺風乃是民感君政其實亦是俗也此俗由君政所爲故言舊俗詩言舊俗者亦謂之政定四年左傳曰啓以夏政商政謂夏商舊俗也言風俗者謂中國民情禮法可與民變化者也孝經云移風易俗關雎序云移風俗皆變惡爲善此谷風序云風俗傷敗爲此云天下俗薄皆謂變善爲惡是得與民變革也若其夷夏異宜山川殊制民之器物言語及所行禮法各是其身所欲亦謂之俗也如此者則聖王因其所宜不強變革王制曰廣谷大川異制民生其間者異俗又曰脩其教不易其俗地官土均云禮俗喪紀皆以地美惡爲輕重之法而行之誦訓掌道方慝以知地俗皆是不改之此言其大法耳乃箕子之處朝鮮大伯之在句吳皆能教之禮義使同中國是有可改者也但有不可改者不強改之耳。

風俗殊

易俗不易俗

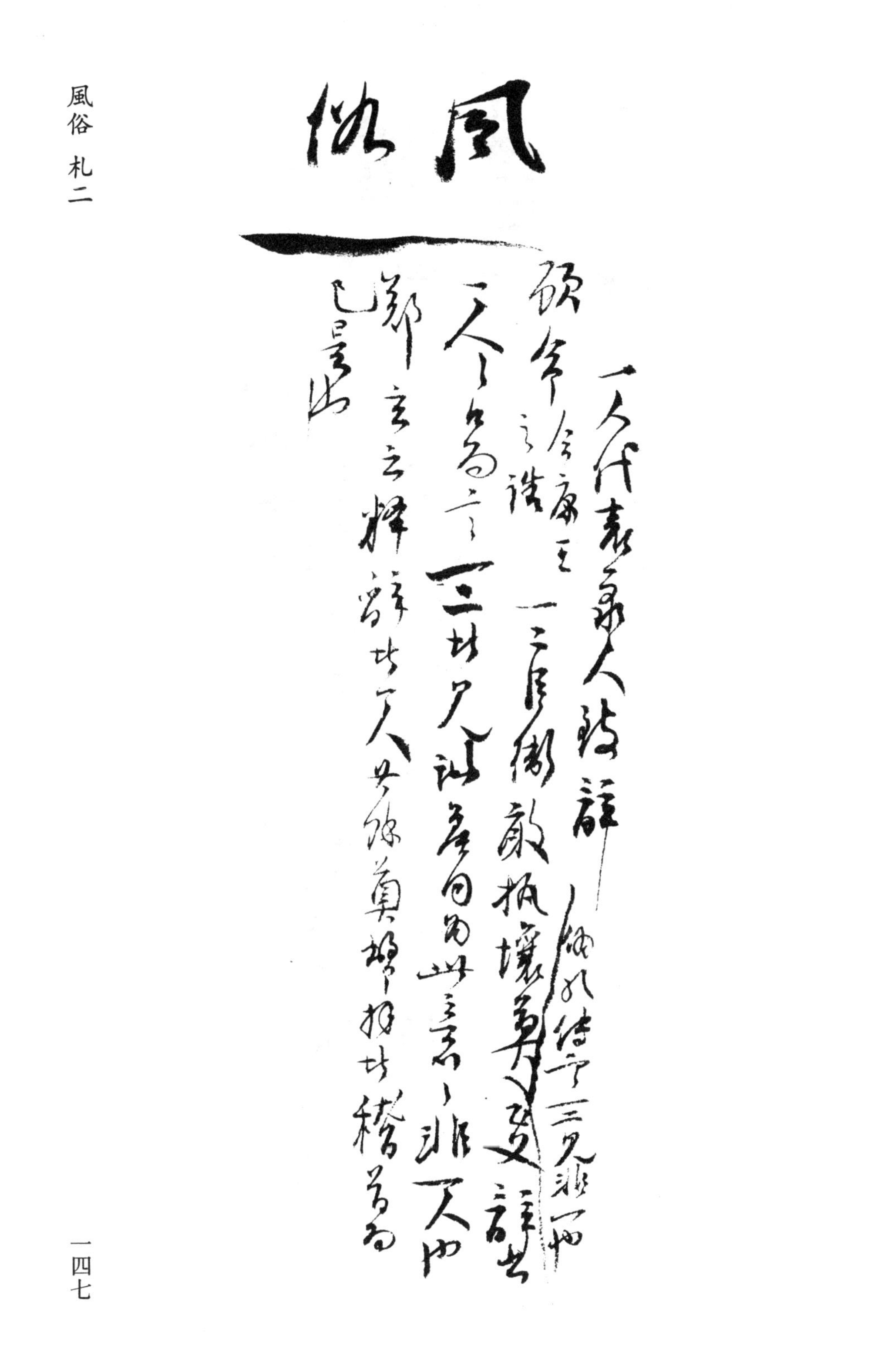

風俗

一人代表家人致辭

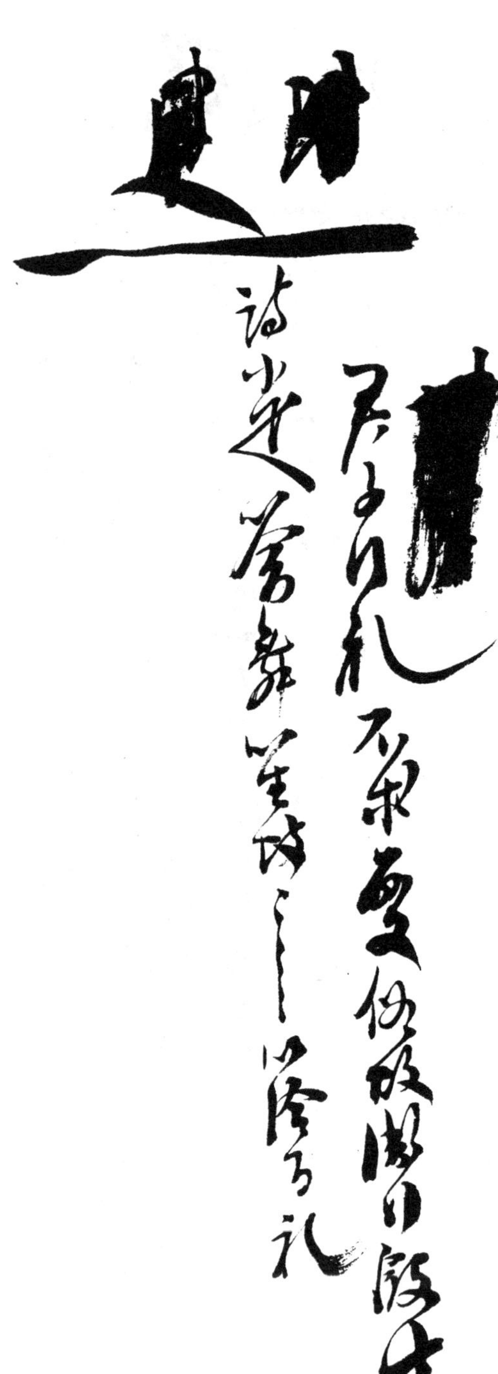

風俗

自[illegible]而以頹敝

韓非所[illegible]說上[illegible]

風俗

「天非私齊魯之民而外秦人也，然而於父子之義，夫婦之別，不如齊魯之孝具敬父（疑爲敬文）者何也」

荀子性惡篇

風俗

論衡二率性篇

齊舒緩秦慢易楚之促急燕戇投

○問國君之子長幼長則曰能從社稷之事矣幼則曰能御未能御御謂御事。長丁丈反下及注同。問大夫之子長幼長則曰能從樂人之事矣幼則曰能正於樂人未能正於樂人正樂政也周禮大司樂以樂德教國子中和祗庸孝友以樂語教國子興道諷誦言語以樂舞教國子舞雲門大卷大咸大韶大夏大濩大武。樂人音岳興如字又許證反道音導諷福鳳反卷音權濩戸故反問士之子長幼長則曰能耕矣幼則曰能負薪未能負薪士祿薄子以農事爲業。○執玉

疏問國君至不拜。正義曰此一節明問國君及大夫士之子長幼之稱。長則曰能從社稷之事矣者謂彼人所問君之子長幼若長則荅之云能從君供社稷之事若幼則曰能御御治也謂已能治事若大幼則曰未能治事此治事謂尋常細小事也小於社稷事。問大夫之子長幼長則曰能從樂人之事矣者以大夫之子恒習學於樂長則已能習樂故曰能從樂人之事矣。幼則曰能正於樂人未能正於樂人者正謂政令以幼者習樂未成但聽政令於樂人受樂人所教幼則云已能受命令於樂人若大幼則云未能受政令於樂人。注正樂至大武。正義曰鄭恐經正是樂正之官故讀爲政令之政謂年幼受政於樂人也引大司樂者證知大夫之子習樂之事云以樂德教國子中和祗庸孝友者彼注云中猶忠也和剛柔適也祗敬庸有常也善父母曰孝善兄弟曰友云以樂語教國子興道諷誦言語者彼注云興謂以善物喻善事導者言古以劇今也倍文曰諷以聲節之曰誦發端曰言荅述曰語云教國子舞雲門以下者故注云黃帝曰雲門大卷言其德如雲之所出民得以有族類如鄭此言如雲之所出解雲門也民得以有族類解大卷也言有族類而集聚也彼注大咸咸池堯樂也言其德無所不施大磬舜樂也言有德能紹堯之道大夏禹樂也禹治水言其德能大中國大濩湯樂也言其德能使天下得其所大武武王樂也言其德能成武功也曲禮問其父身此問其子者皇氏云記人之意異耳。

風俗

村叟古人以老爲稱孔書夫子無敢尊老也村字樣讀爲升下爲

鄉黨尊也夫子也 鄉黨無鄰舍以鄉爲稱

族尊 下又云通用敢以老者老也敢以老老爲病

求也以辭辭者辭者也 其意有所甚病

之意

風俗

古人之好鬬

勉案：觀荀子榮辱篇鬬者忘其身者也一節可古稱燕趙多慷慨之士
見。孔子言一朝之忿、戒之在鬬。孟子言好勇鬬很
鬬很。必不經與鬬術勝論語季氏及孟子離婁四
古者鬬很亦以私鬬令盛中
以解其馬戰相刃之觀戰事之原因論
訟讎作用

風俗

漢人之禱詞

風俗通卷三 愆禮 卷四 過譽 卷五

十反 卷七 窮通 末節

名士為宦官用

卷五末節 三頁

粟一斛廿斗（周紀西漢之數）

錢後修緣帝（同注）

右見周紀通

（通考）許以五百 陛以五百

蘇相以五百 備以五百

此等人可取於此等萬言之後

而計

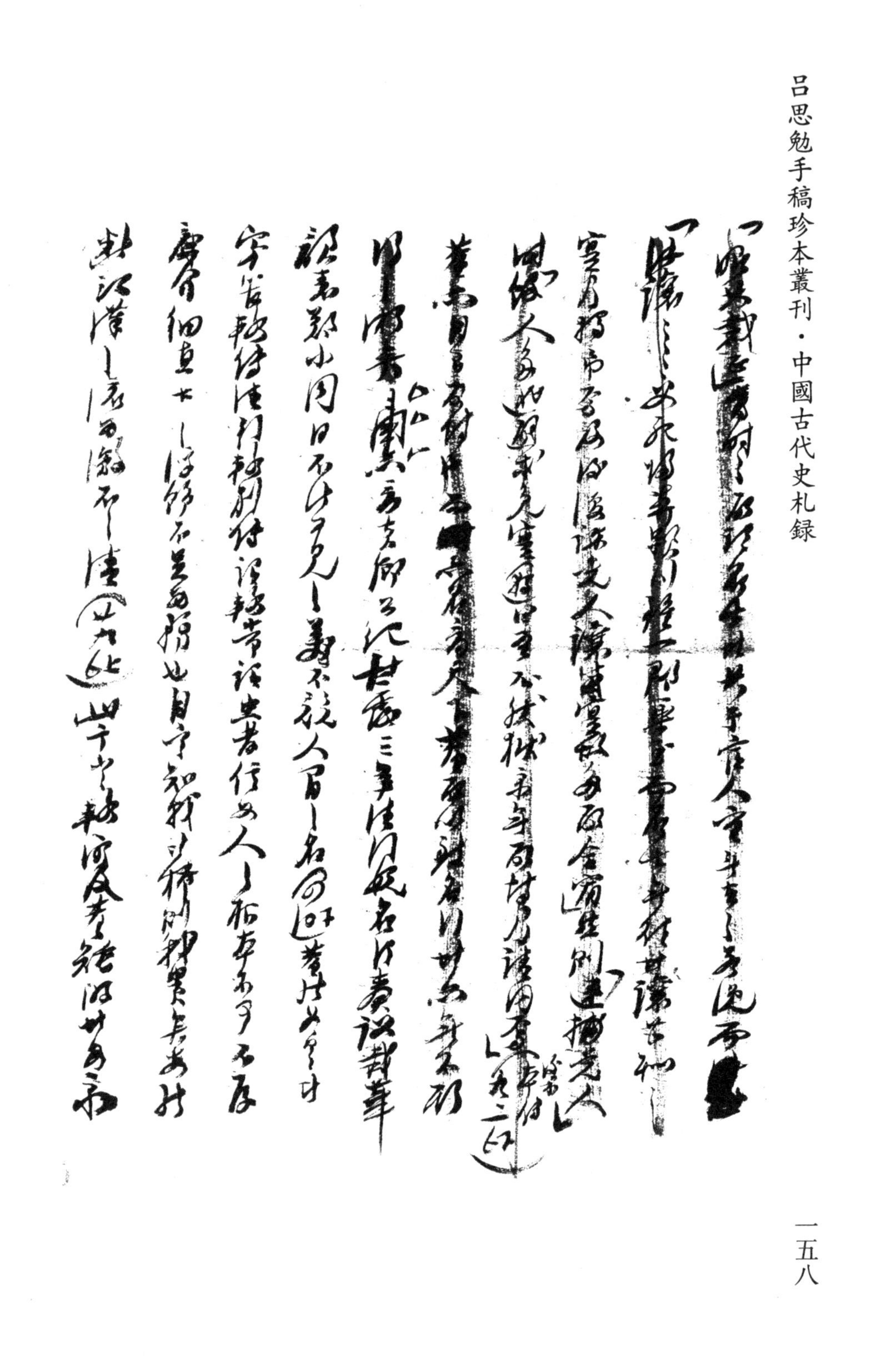

[illegible]

風俗

狂放之始

案若濮之趙仲讓是也見風俗通義卷四過譽節 本

卷三

又愆禮第三節薛恭祖

十駕齋養新録卷十八　凡三條

篇目

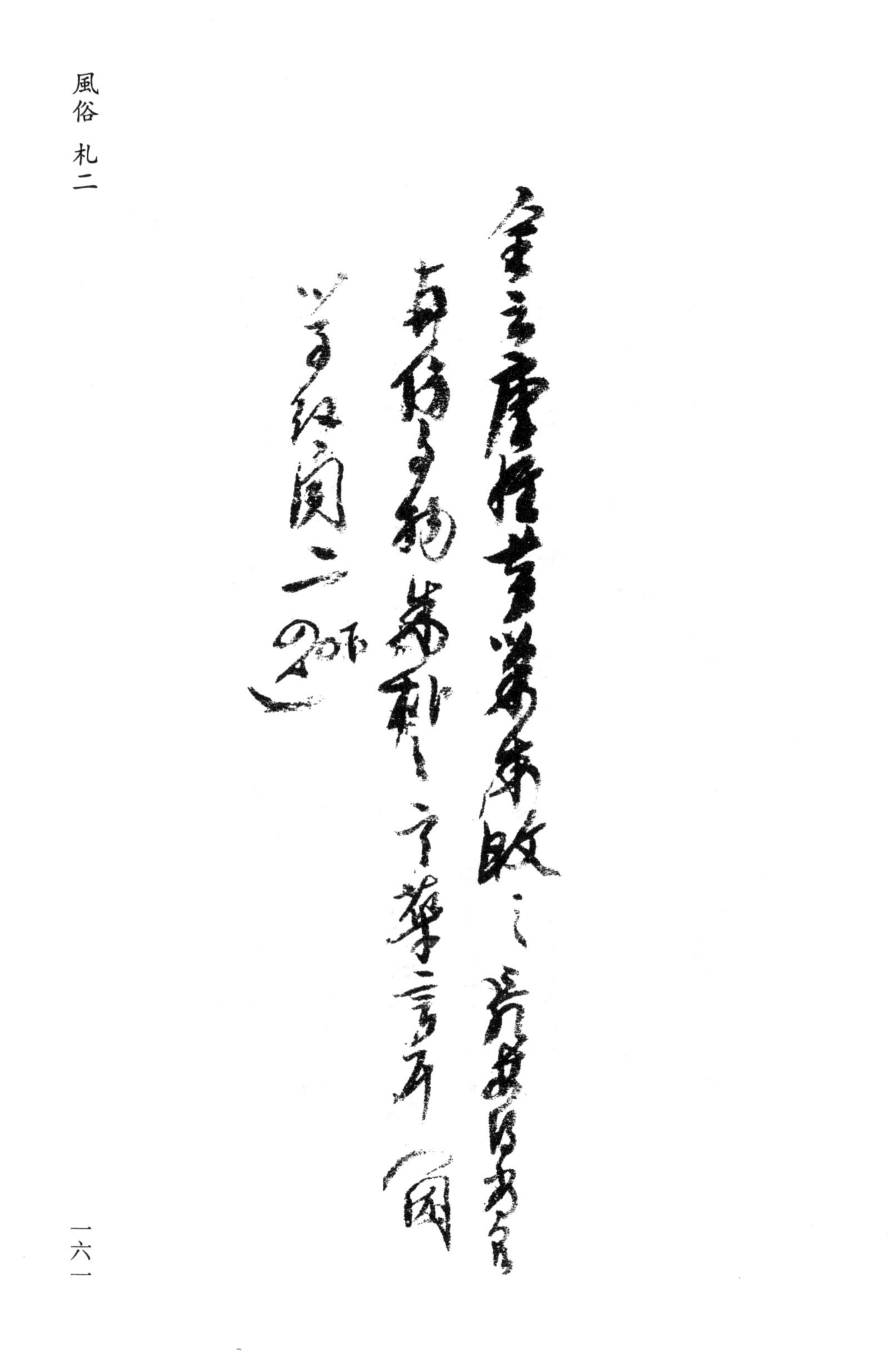

風俗

唐書李泌傳[illegible]貴世奉。議遷轉。四方

吏部不專職。[illegible]天地[illegible]。隨付制事。

舉人隨家所[illegible]。[illegible]三百歲。大物資

貸。存修[illegible][illegible]。

[illegible]

[illegible]

[illegible]

中原人[illegible]

俗

風飾

「古人荷物為用，頭戴之，今青海猶有其風」

莊子讓王篇疏

今人所用名刺乃明朝舊式

老圃

前清名刺皆用紅紙。今皆用白紙矣。前清名刺皆長至六七寸。今皆用小片矣。然此非舶來法而實明朝之舊式。明郎瑛七修類稿云。余少年見公卿刺紙不過今之白彔紙二寸。間有一二蘇箋。可謂異矣。今之刺紙非表白彔羅紋箋。則大紅銷金紙長有五尺闊過五寸。更用一綿紙封袋遞送。上下通行。否則謂之不敬。一拜帖五字而用紙當三釐之價。可謂暴殄天物。觀此則明人名刺本用白彔紙長不過二寸與民國通行之名刺無異。劉瑾用事時。百官門狀啟禮悉用紅紙。京師爲之紙貴。海瑞晋南冢宰。以幣物爲賀者。俱不受。報名紙用紅者亦以爲侈而惡之。可知明人名刺由白而紅。由小而大。乃當時惡俗所以媚權要也。

吕班草令心理节録

信仰非合理者也無意識故也

凡一問題之起即有檢驗之及對論隨之而出此時兩方面之

學已屬于信仰範圍而非屬于知識範圍矣

革命一語普通指政治急激之變化而言此外作俚俗學諺等

一切急激之變化與夫可稱為急激之變化皆當適用此語

革命之常其始必以理論為動機……然無經理中而不至為識

時則決不為之以信其辭勿作之氣蓋可謂由論理失敗

亦指摘當時之弊害為出而代表之以理則尚有所釋之

希望以伏于此役

真正之革命……與普通革命説又毋寧用進化説矣

人民之偏於保守者因最易為環境所限制之革命……以偏於保守之人

民不能漸進以與時勢相應積之既久和者為遠則積而猝發

奮起以反之

軍隊亦又革命時代之一要素如普革命而得軍隊之助則必

難成功非特歷來之革命可以為證即證自今以往亦無革命

可也……然後革命不特收速大之結果，則非根據於一般人民之所希望不可。革命時代一政黨，改爲奏凱歌，則當仿其本黨之利益而組織社會，彼所謂制定之新法律與所設之新機關，然後成功者之目的及政之成功者之利益爲第一樣……若以離理之戰爭得之，則戰勝者不免革命日之法律制度而推翻之，而擁護舊

於此黨外一片革命

制，此則法律制度由新政府之范人爲猥之狡速之腐絕之效威之破壞自身利益之知，又力謝共行，仰附則共殘害兇暴

之極點，而殘無人道之事乃繼續以起

於此時則秦即以舊國之附庸成功，故大率其所爲也

……此秦任之之篇，曰秦知明國無極任，而能以強對之，旅與一先

……野蠻，此則所以別爲文化，於是猶同德一統之局……秦使一

猶獨出於儀禮是，而秦之所已見之，故秦之所爲主，是而後得以行

最後定之大原則，於之謀也，莫不知之，於彼則與其驕奢淫佚

與秦令爭

此蘭而奇制，其主盛，故無上，南人莫不畏而爲之，此其蘭爲

之幸也。向使波蘭于十六世紀之末，必有一威振寰上之奇傑君主，則爲今日歐洲強國者，非彼莫屬，豈地圖中不復存者哉。國名乎，惜之也。

政教

宗教家所同有之現象

(一)信仰之統一而與政治結合之影響

(二)群衆之理之發動，遂則所謂迷信之擴張

(三)此信仰與彼信仰絶對不相容

其于信仰實之統一而後許而爲學，學而書開

什伍一　以行伍之人是乃田役兵戎之而非田役兵制

唐書兵志……府兵之制之起源法耳　宋以上之行伍皆都屬

手創想與之說並無系可尋……兵中實際故使錯亂　難治

某書引外

國之中二種不同之行伍同時並存而其一之勢力終制其他

則兩兇曰滅其反對者為後已

凡國民之寓居行伍力甚弱　然有害惡性

第四之暴發……其時政府統握力之薄弱則亦大可驚異矣大抵此

蓋政府其始也盲信一己之力可以推倒所對于革命之情
而政府因不能為也確之觀察事勢不能防東黨不能制將推
有違風尚倒已耳

政府之目的革命今國民激政革之政府與革命無以異特其
成敗則視國民精神之固定與否耳

政府革命之成功其被治之國民必為無一定之精神與確定之
習慣性質言之即野蠻未開化之民族是也
之之即之成功必居之極有力之獨裁居全而又具有特出之人

人才故　其君主為革命的　而其國民則為保守的

法政所自創之國，其先乎反對政革者，在於全國政革〻〻〻

每為其目的則小紛，而已認其所得而保之，後利於他人之手段

……財益貴，後益重，民益不平，革命家乘機鼓動〻，是則中國

之革命，謂為法政所改革全國之間接的結果可矣

……改造〻後，政權移於新政府〻手，利於其所移入者，而則革除其

居主之原理詳言之，亦非由主君時代政府生存之原理為根據

創此原理則為不能不謀之於大革命〻

大革命成而政府威嚴，政府之原理亦漸漸以威嚴破。一社會之上所以組織是而維繫是者，其獨為其不可威嚴者存焉歟？相持于不敝……則前此社會組成之要素是也。日常生活，其事雖殊小，要皆足取而記之獻之，取舍歟……而今之百搖撼，則國民其生事所從組織之原皆於是乎在。前讀日國歟，會生民之則，歷迹發展為此了。故由此等小事雖而細核之，則百年以來法政所之更張，造作時其形勢上之發展與實際上所能說，未嘗發動為何也。且夫一國之中，其為人民者

之指導出諸手……而之

指導力乃存於人數甲自然發生之權事然之上此事無之

要素自有社會以來已常存在於各部分部落某

潛勢力之深厚遠在一切制度法令之上蓋權其作用於形

武的國家之組織乃組成一種絕大之有力的國家

人民之歡迎革命如此其一致然則其理由何在可得解之矣蓋以

之于革命以後經歷時久遠之後而專制之積累未免……帝制時

若國有之解釋此客解釋之……又法就指導此之再設解釋此

也

則人中級人民之理論思想上傾動大開民智而可知識政以為民

之所成一種新作物、、之此用字實際之利害而發生於

也

一大革命實由人民親之至等程度能力者之發威此即

新作物發生之徵兆也

影響之本能的人類為始終之政本指以後習傳於此時等千百

不之林如制限用於何時之抑制之而歲年為後力所以

於此抑制少由欲終抑制之而終滅絕之一部遂爲積引發之

力務爲援濟同情後隨而至施爲援之，其爲害也，後人之野

蠻性而一旦爲政於其上之具，使之取藉以剝免隨意而可防

云云

人民等級階

(一)農之商之一部分，以職業故，常以愛平和，保秩序爲職志，從

其利不同，而未受其政府壓迫達于極點時，亦莫起而與抗

(二)社會中彼游離分子

市井無賴乞好亂成無業游民多團不

猶自存　既秦漢之後亦猶久循途而更乘之所距此時

中于此

乃

有一種寄于模仿性之人，以多仰人之鼻息，以模倣人之嗜好為

人幕動則從之，幕動理由安在，則從不暇問

社會表層之性表荒于經義，怪于形式，能使國性為之銷蝕

……中之最為力，其則為代族精神，此精神乃所為殺人于殺之

共同之執象威覺，而能因而積成一種奇怪之習慣，以束縛

人由於天下束縛力之絕大，遂于習慣

六、隆受說一切人物之感情的勢力

(四)情感心　對人對外界事物皆抱一情感心　不僅懼其失

敵且畏及其固不了了見之　且安居向自身而真理之實際

時欲發揮於外界發洩之　執所以作種種崇拜祈禱與感情行

術亦自視甚高而視人甚乎的感情的力是之事動隨之而起

我稱之情感為信仰　信仰私輕蔑崇拜者其心之類

(一)迷信心　思索之迷信心

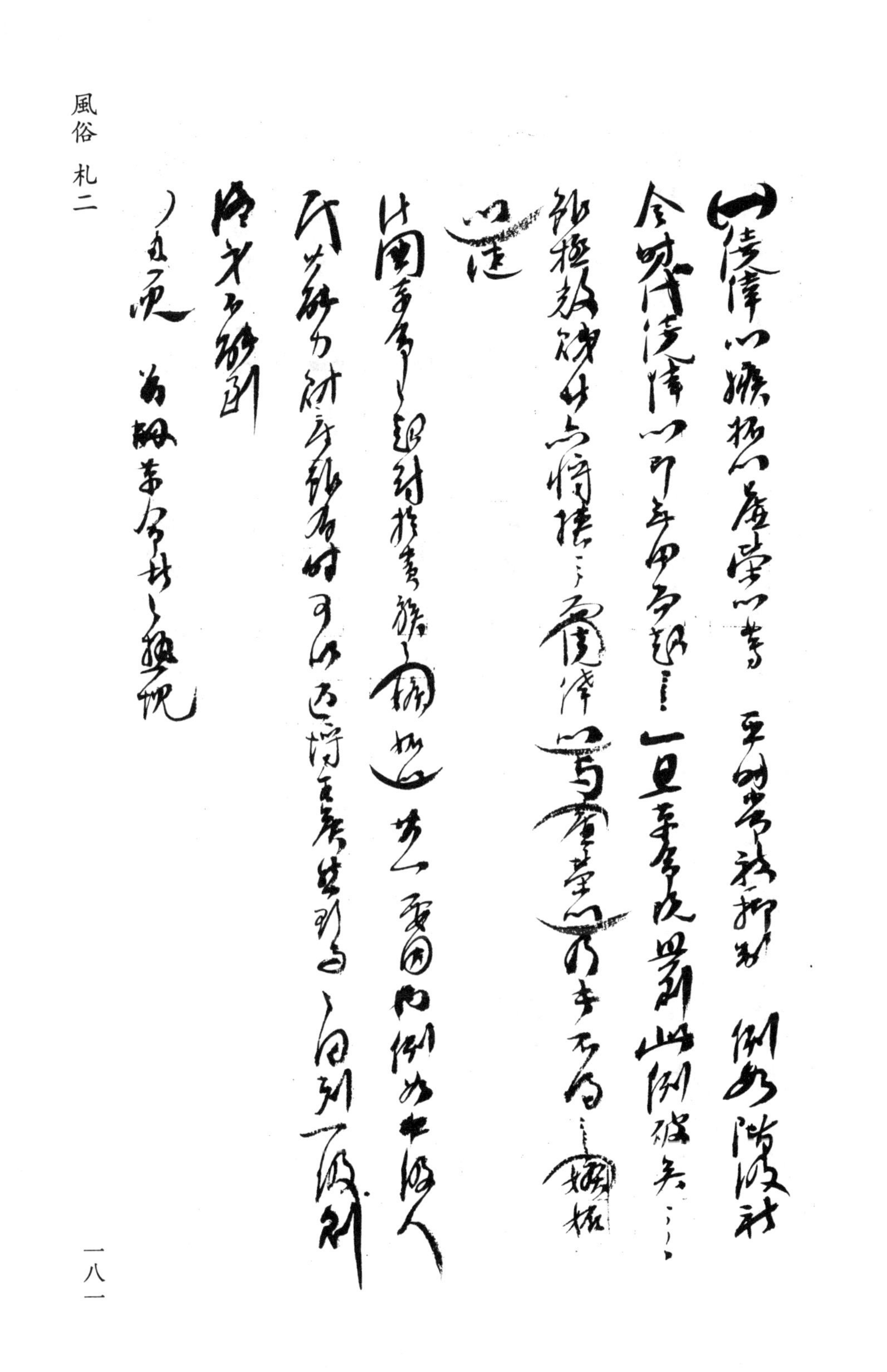

中古時代心理狀態
- 自私心重　神秘的
- 性的懷之　崇拜的
- 保守的

人之所以于義理上解放者，因當時神秘的理想，為義理之舍，今比則此之謂是也

人類不能無群而生，其生活必群。無論何時何國，其社會之大，常有不平不安之精神，失保于其間。此種精神殆可謂為

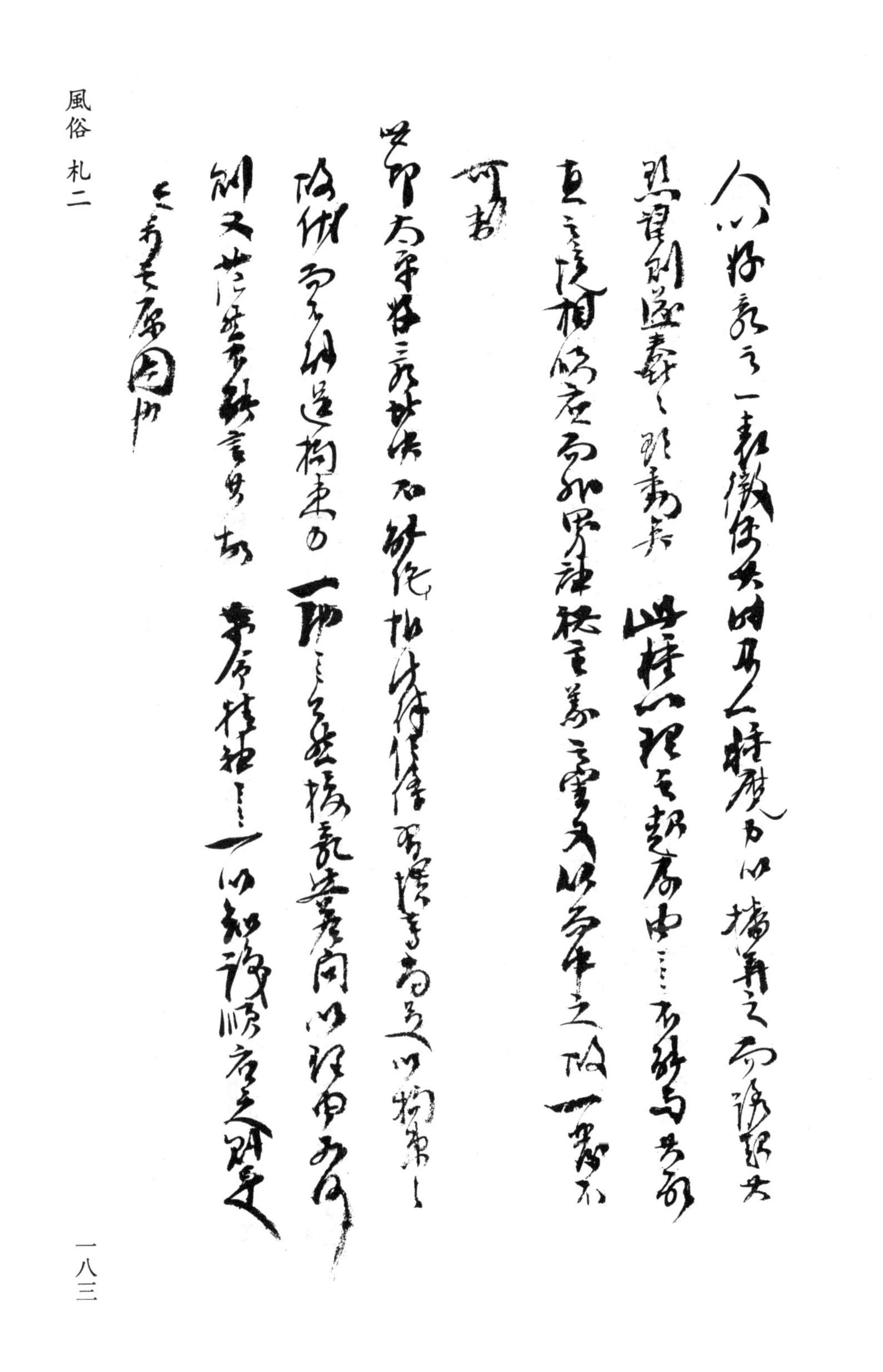

此[illegible]之乎，如此纔能[illegible]於社會，此思想用於社會，社會[illegible]

之精之精神……一般人所用不過發其人之[illegible]精神於心不

同，不[illegible]異。二 [illegible]知識萬事人心理而起，心理既異乎

對之地位

（祀典） 其實等於和此 指知識物[illegible]一年[illegible]

如何處於世（[illegible]）[illegible]人類

今人之意識，一入手群家之中，則[illegible]之矣。 故此時[illegible]人[illegible]群

家之心理，[illegible]後見個人之心理狀態

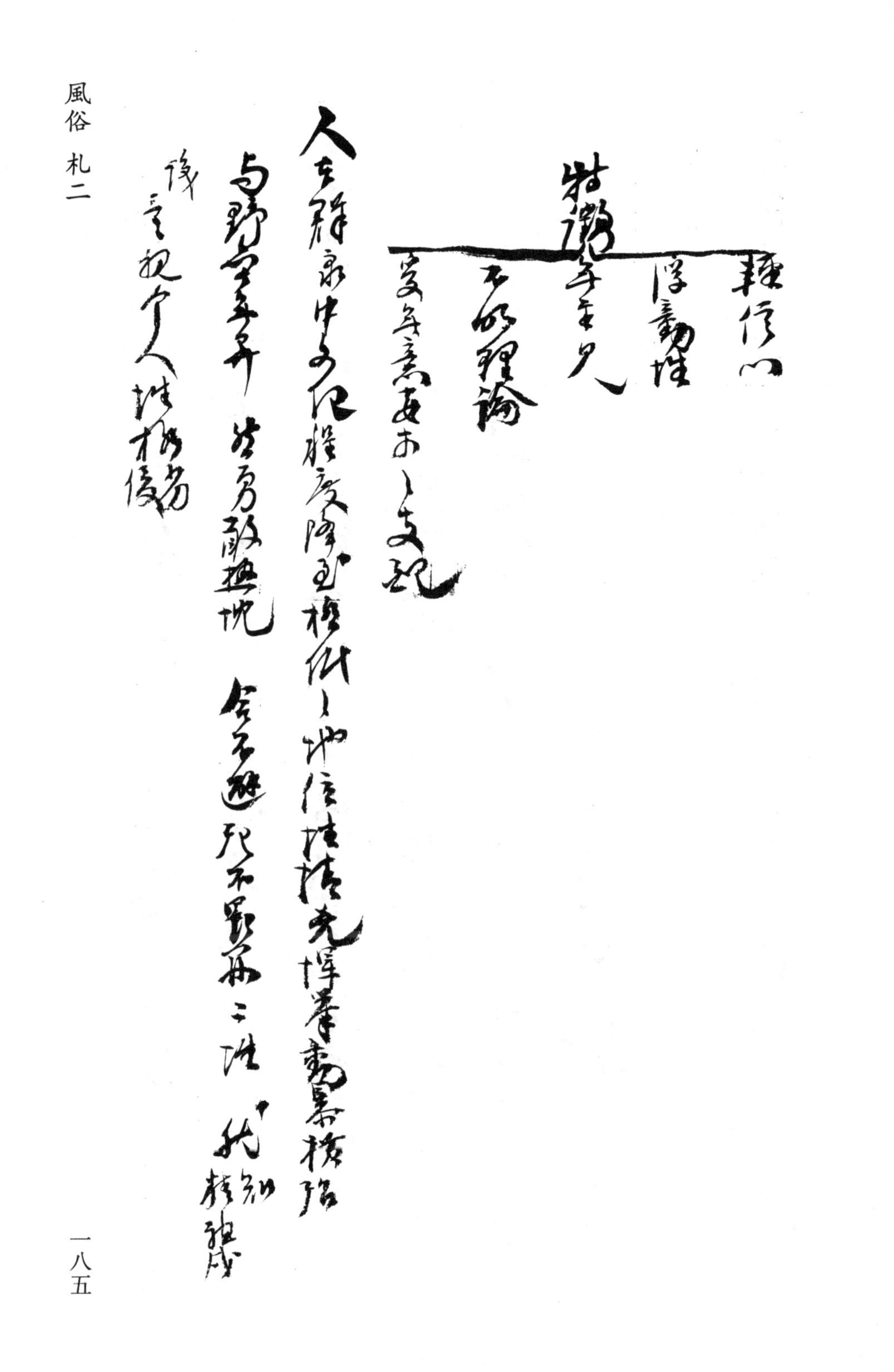

夷之勢力亦强，今人後今人之有其民族主義，今而後感無愛
化之諫然後人以其屬爲其家其屬其族其屬其族
居處稍有分，今人始使一群之中，國情與意見皆協于民一之間
下之即以理之說一，此說一之以理文而群衆以理之一種
無所據依，而群據依之餘，有所以爲不可思議，此無形之組織群
始民之部分，分布而自由然也　且是而以理之說一，謂爲感情
之一段
愛國情之發端之在一，則族類社中，聯其民族，守以保護於乎

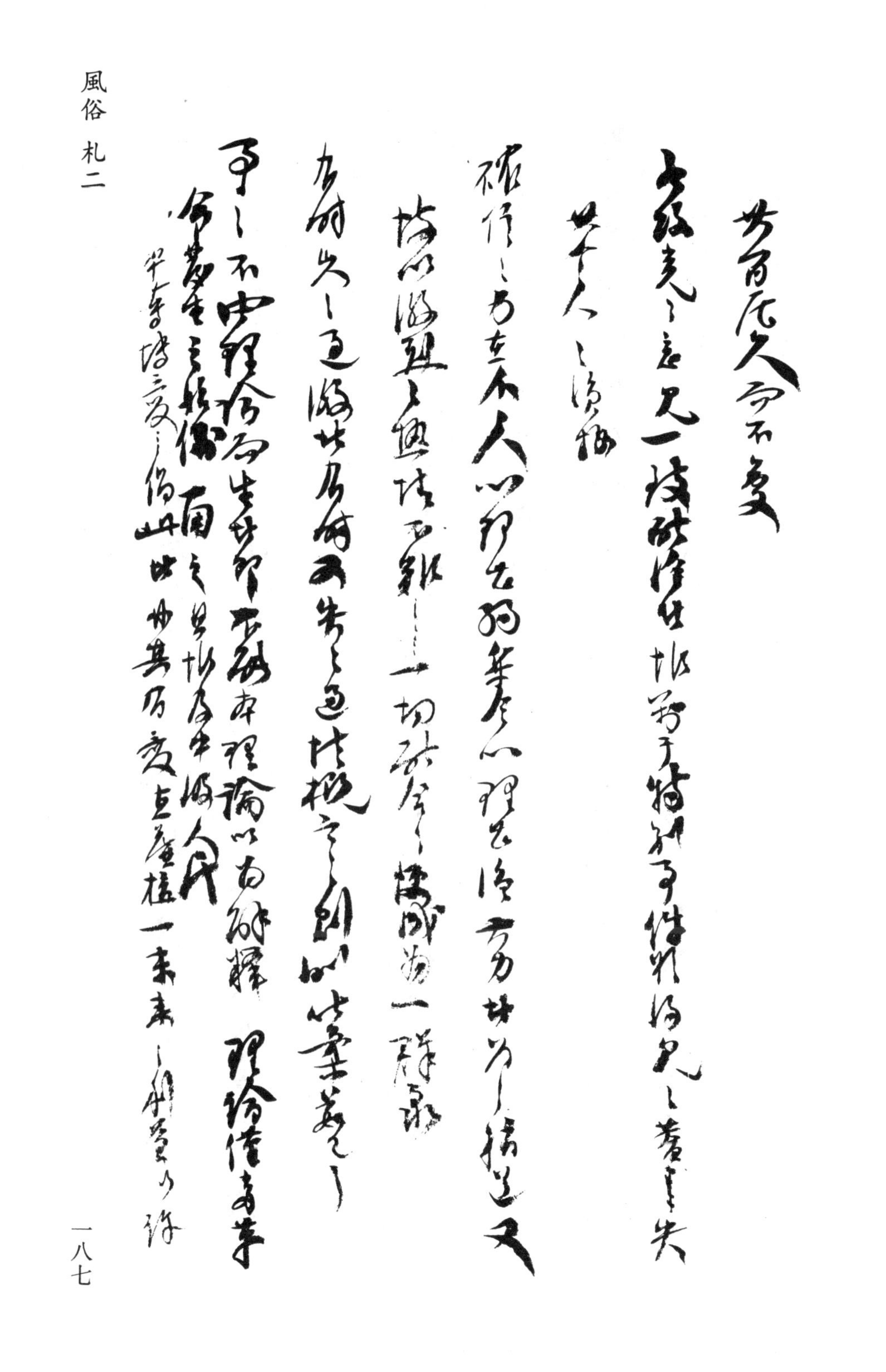

之人不引起其對舊說了解，以人之不同，隨其個性[illegible]舊說[illegible]

自由解釋之，故解釋之自由，然同一行爲而解釋文字上之意

義不能自由解釋而定

至其法之定，用人不能使其人之意識[illegible]人不能[illegible]其條[illegible]

解釋與其自由大之義

惟從行爲諸構成法律意志，推測其意志，推文字之意志，[illegible]

使人思其所思，則[illegible]之意志思想[illegible]

勝法意志

羅拔古皆極大樣ニ付……相附候氏一些目芸部迎懇午人色……知生郎人國喜候氏ニ〻為置郎人致候民之役人迎佛以為之郎人之更說候此役人以迎待以為之地

國內諸会后所ニ以理協議調器重要仁別為呈案有不缺雖久安致人以自古以來致所ニ為未看哉于國內諸会此……國定于人人以理中ニ諸協力國記可以獨負上之制裁詳述之主爲學說ニ日四為不缺宜思仰人情義之候為之戒果　宇哉

・人道主義而主為而共作使何者非誰午成力為人意其圉

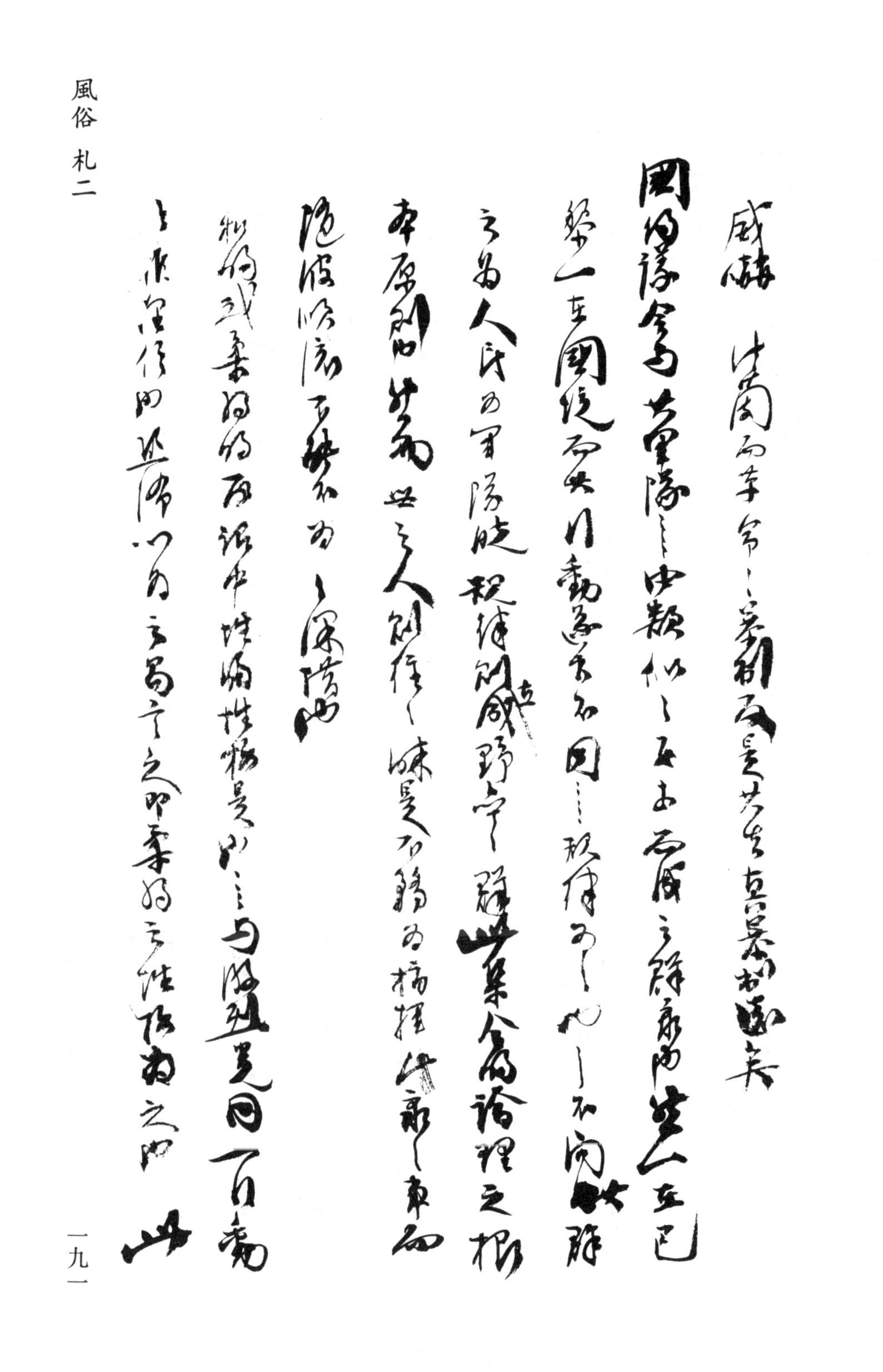

黨中政之權與論在平時與革命時恆為極端之勢力所左右

故其先既實不成于激烈派之〻〻〻之勢力而為國中政

〻權之存亡所由者　惟握政權與政權之分裂者　乃人爭

因革命自信為合理其在程之政府因為在職者政當出路至為困

保全

殘忍　政之動搖無根于情感理論以理智判斷野心以政治作使作為

不積成

因為請多之統權特別〻特別的　無先見無作為故以隨隨

甲乙雅覧之見人會收合作同國深淺以教也 斯緒為之矣 大
附甲乙雅覧為居窮以致為其概之為 之耳以學而通州府上
各縣局之各縣令 其錢同不府以一人作府十三等府及言路
附八元老院使之而參事此等諸人 均府位之為儀使之
盛世務財產之厚贈為為宅禦客奴僕之等十分貴族之為
貴之女宗政府皆令夕私制其相路給緒知生 其相路給為給
至公寓宰之間 修業華居寓業之可要人知斯而為此制供之
各人共精術之體也 此律上之字等印也無為別 弊子謹具

上略道學所傳之[illegible]之而欲使于學所[illegible]也也精力[illegible]

周秦以前代之

安宋諸人概作以理學[illegible]其說之說[illegible]古今[illegible]易之之故者觀

宋人多談　今于周代以理相合[illegible]陰[illegible]主[illegible]治少偏[illegible]

凡[illegible]說法固從何處來從此數[illegible]皆非爲論[illegible]此轉換之心

理欲無實是以生心實說從開家莫大之處年論說從後達[illegible]

事[illegible]反對之人帶有[illegible]從年論從後[illegible]法[illegible]不滿意

如此者於之……不修年來以來已[illegible]札[illegible]

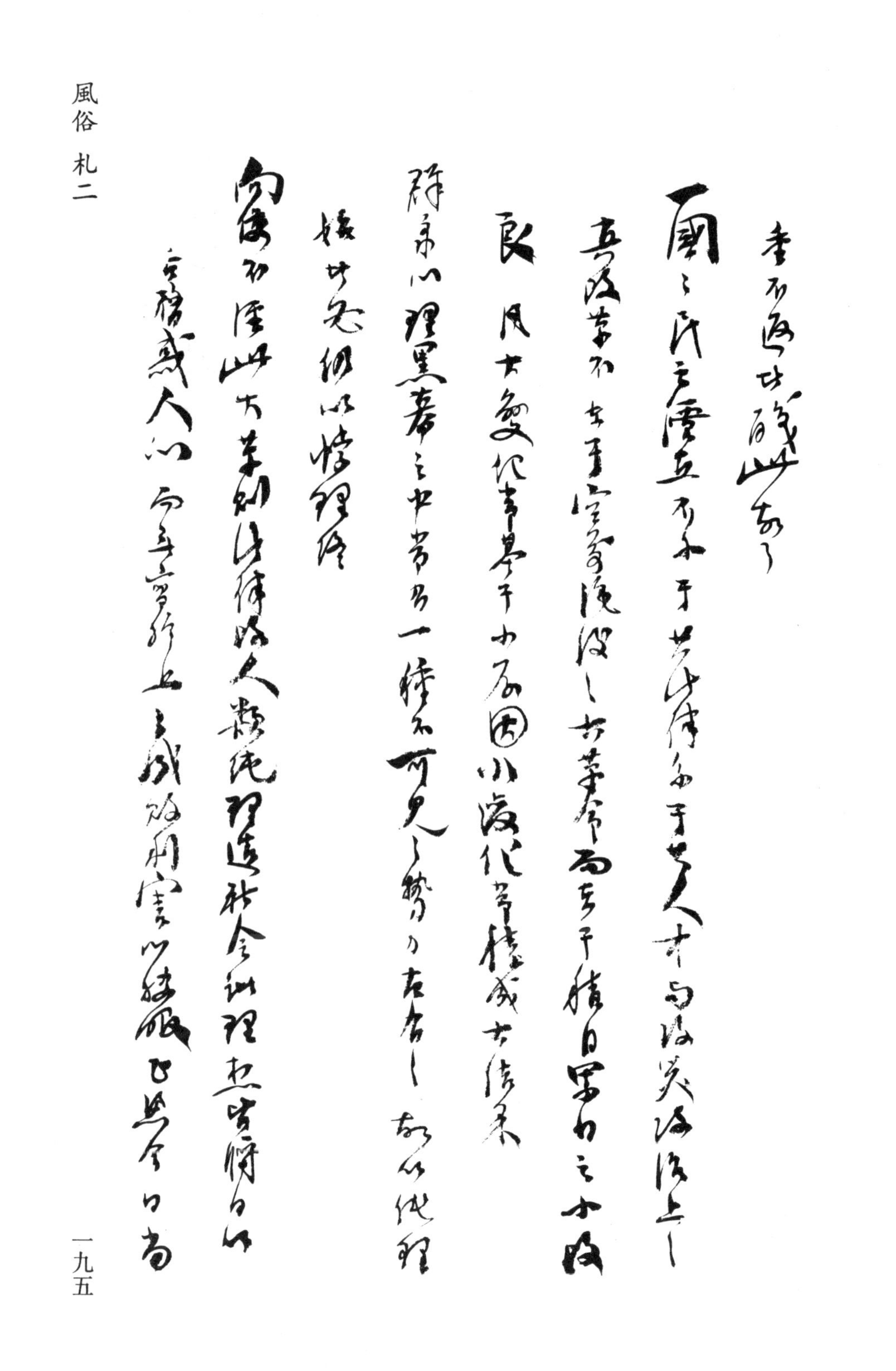

古部落時代

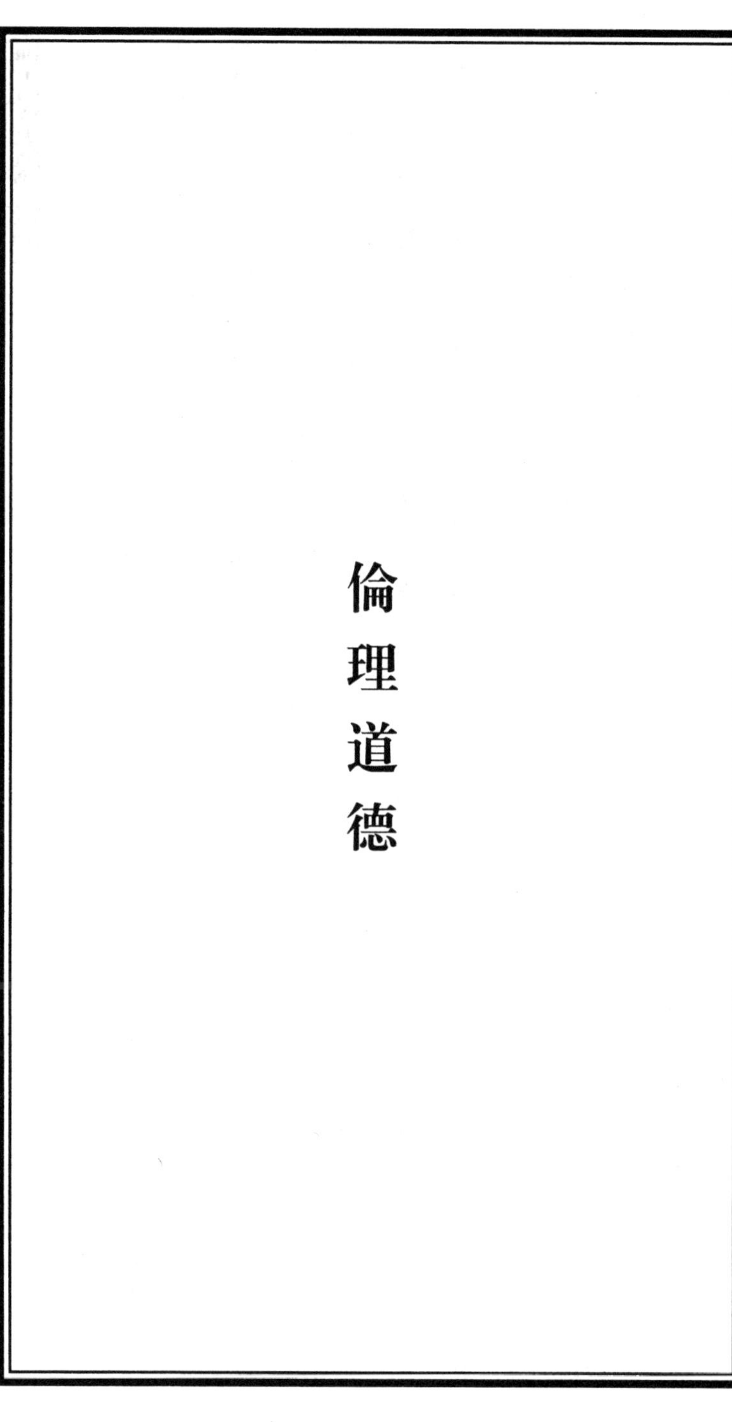

倫理道德

倫理道德提要

「倫理道德」一包札録，内分「倫理」「道德」兩札，其中「倫理」一札又分「倫理（一）」與「倫理（二）」兩小札。此包札録，大部分是先生從《管子》《左傳》《國語》《史記》《漢書》《後漢書》等史籍裏摘出的資料，部分是讀《陔餘叢考》《家族論》等書籍及報刊雜誌的筆記。

呂先生的札録，天頭、紙角上常會寫有分類名稱，如「倫理」「君臣」「師弟子」等，有些札録也寫有題頭，如第二七八、二八六頁「生館死殯」「有罪不逃刑」等。資料都按原文節録或剪貼，並注明篇名卷第和頁碼；未録原文的，也加注史料的出處，如第二一八頁「李璀不叛（懷光子），懷光死，先刃兩弟乃自殺，鑒二百卅二2上」（即《資治通鑑》卷二三二第二頁正面），第一九九頁「護前忌前，百四七10下」（即《資治通鑑》卷一四七第十頁反面）。部分札録還有先生的案語，如第二一三頁「從令非孝」條，有「勉案：《孝經》同義」；第二一五頁「六朝忠臣無殉節者」條，有「宋以後始盛」等等。

「倫理道德」一包，也有少量剪報資料，此次整理僅收録了一小部分；札録的手稿部分，均按原樣影印刊出。

道德

使人情緒別具生面，精神得以平衡之，而后可安定事業之隆

根柢

世知之者，隆之家，日以積累，久而由是其知優

道統

羣無無知口。羣無所以者者而若怪之者者而云云者也而

此新書居唐古本存存而所增十人

于唐中人實人附之衆行之以名學成　至今亦遵其律行

知所增損者也

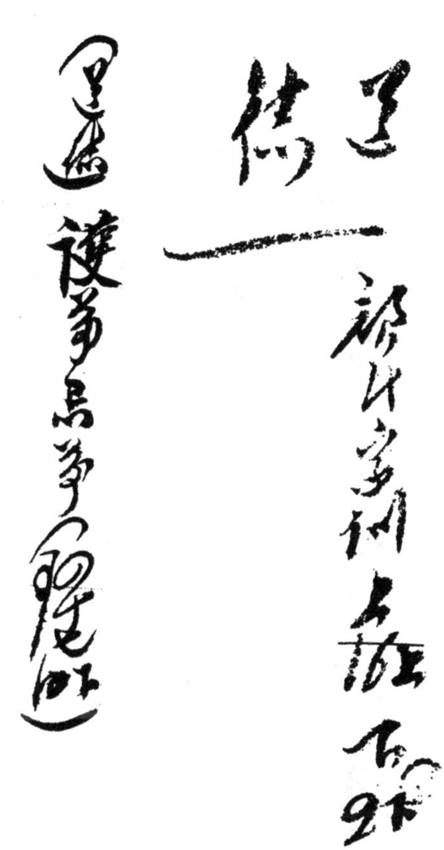

[illegible][illegible]手訂

抱朴子[illegible][illegible]篇（三止）[illegible]以[illegible]重光[illegible]白

道德

晉書鄭袤傳。子默。張閟。衛瓘奏默才行名望。宜居論道。亞於九卿。位未稱德。宜贈三司。而后父楊駿。先欲以女妻默子豫。默辭之。駿深為恨。至此。駿議不同。遂不施行。默寬沖博愛。謙虛溫謹。不以才地矜物。事上以禮。御下以和。雖僮豎廝養。不加辭色。而稽撲拙。故士君子以為居世之道。蓋此可謂鄉原。亦終不免於擯然而已。以此為居世之轍。未必然也。傅咸傳。駿弟濟與咸書曰。左丞總司天臺。維正八座。此未易居。以君盡性。而處未易居之位。益不易也。咸答曰。衛公云。酒色之殺人。此甚於作直。坐酒色死人不為悔。逆畏以直致禍。此由心不直正。欲以苟且為明哲耳。自古以直致禍也。

嘗自矯枉過直。或不忠允。頗以亢厲爲稱。故稜急取。要有怪怪不忠矣。而常見疏斥。此言得之

君臣

鄭當時者字莊陳人也其先鄭君（集[illegible]音[illegible]漢書時父）嘗爲項籍將籍死已而屬漢高祖令諸故項籍臣名籍鄭君獨不奉詔詔盡拜名籍者爲大夫而逐鄭君鄭君死孝[illegible]

史記汲鄭列傳

倫理

史記游俠列傳

鄙人有言曰何知仁義已饗其利者爲有德【索隱】已音以饗音享受也言已受其利則爲有德何必知仁義也故伯夷醜周餓死首陽山而文[illegible]以其故貶王跖蹻暴戾其徒誦義無窮由此觀之竊鉤者誅【索隱】以言小竊則爲盜而受誅也竊國者侯侯之門仁義存【索隱】言人臣委質於王門則須存仁義若游俠徑挺亦何必肯存仁義也非虛言也今拘學或抱咫尺之義久孤於世豈若卑論儕俗與世沈浮而取榮名哉【索隱】言拘學守義之士或抱咫尺纖微之事遂久以當代孤負我志而不若卑論儕俗以取榮寵也

宣帝初即位欲褒先帝詔丞相御史曰朕以

身蒙遺德承聖業奉宗廟夙夜[illegible]……孝武皇帝躬仁誼厲威武北征匈奴單于遠遁南平氐羌○劉奉世曰氐羌不在南恐誤昆明[illegible]

駱兩越師古曰甌駱皆越號東定薉貉朝[illegible]……曰薉也貉也在遼東之東師古曰薉字與穢字同貉音莫客反廓地斥境立郡縣百蠻率服款塞自至珍貢陳於宗廟協

音律造樂歌薦上帝封太山立[illegible]……正朔易服色明開聖緒尊賢顯功興滅繼絕褒周之後○宋祁曰周之後越本邵本無之備天地之禮

廣道術之路上天報況師古曰況賜也符[illegible]……應寶鼎出白麟獲海效鉅魚師古曰效致也鉅大也神人並見山稱萬歲功德茂盛不能盡宣而

廟樂未稱師古曰稱副也朕甚悼焉其與列侯二千石博士議於是羣臣大議廷中皆曰宜如詔書長信少府勝獨曰武帝雖有攘四

夷廣土斥境之功然多殺士衆竭民財力奢泰亡度天下虛耗師古曰耗減也音呼到反百姓流離物故者半師古曰物故謂死也○宋祁曰者字下疑有過字蝗

蟲大起赤地數千里師古曰言無五穀之苗或人民相食畜積至今未復師古曰畜讀曰蓄亡德澤於民不宜為立廟樂公卿共難勝曰此詔書

也勝曰詔書不可用也人臣之誼宜直言正論非苟阿意順指議已出口雖死不悔於是丞相義御史大夫廣明師古曰蔡義田廣明劾

乾隆四年校刊

前漢書卷七十五　列傳　十四

奏勝非議詔書毀先帝不道及丞相長史黃霸阿縱勝不舉劾俱下獄有司遂請尊孝武帝廟為世宗廟奏盛德文始五行之

舞天下世世獻納以明盛德武帝巡狩所幸郡國凡四十九皆立廟如高祖太宗焉

鍾興傳

鍾興字次文汝南汝陽人也少[illegible]丁恭受嚴氏春秋恭薦興學行高明光武召見問以經義應對甚明帝善之拜郎中稍遷左中郎將詔令定春秋章句去其復重（復音覆重直容反）以授皇太子又使宗室諸侯從興受章句封關內侯興自以無功不敢受爵帝曰生教訓太子及諸王侯非大功邪興曰臣師丁恭於是復封恭而興遂固辭不受爵卒於官

任末傳

任末字叔本蜀郡繁人也（繁縣故城在今益州新繁縣北）少習齊詩遊京師教授十餘年友人董奉德於洛陽病亡末乃躬推鹿車載奉德喪致其墓所由是知名爲郡功曹辭以病免後奔師喪於道物故臨命勑兄子造曰必致我尸於師門使死而有知魂靈不慙如其無知得土而已造從之

鍾武侯劉聖聚衆汝南稱尊號尤茂降[illegible]尤爲大司馬茂爲丞相十餘日敗尤茂并死郡縣皆舉城降天下悉歸漢初申屠建嘗事崔發爲詩（師古曰就發學詩）建至發降之後復稱說（師古曰妄言符命不順漢）建令丞相劉賜斬發以徇史諶王延王林王吳趙閎亦降復見殺初諸假號兵人人望封侯申屠建旣斬王憲又揚言三輔黠共殺其主吏民惶恐屬縣屯聚建等不能下馳白更始二年

倫理

齊孝王十一年吳王濞楚王戊反興兵西告諸侯曰將誅漢賊臣鼂錯以安宗廟膠西膠東菑川濟南皆擅發兵應吳楚欲與齊齊孝王狐疑城守不聽三國兵共圍齊【集解】徐廣曰膠西菑川濟南也齊王使路中大夫告於天子【集解】張晏曰姓路爲中大夫【索隱】史失名故言姓及官顧氏按路氏譜中大夫名卬也卬五剛反天子復令路中大夫還告齊王善堅守吾兵今破吳楚矣路中大夫至三國兵圍臨菑數重無從入三國將劫與路中大夫盟曰若反言漢已破矣齊趣下三國不且見屠路中大夫既許之至城下望見齊王曰漢已發兵百萬使太尉周亞夫擊破吳楚方引兵救齊齊必堅守無下三國將誅路中大夫齊初圍急陰與三國通謀約未定會聞路中大夫從漢來喜及其大臣乃復勸王毋下三國居無何漢將欒布平陽侯等兵至齊【索隱】平陽侯按是簡侯曹奇擊破三國兵解齊圍已而復聞齊初與三國有謀將欲移兵伐齊齊孝王懼乃飲藥自殺景帝聞之以爲齊首善以迫劫有謀非其罪也召立孝王太子壽爲齊王是爲懿王續齊後而膠西膠東濟南菑川王咸誅滅地入于漢徙濟北王志王菑川

史記齊悼惠王世家

倫理

越本無肯字上怒甚羣下憂懼不知所出壺關三老茂上書曰師古曰壺關上黨之縣也荀悅漢紀云令狐茂班史不載其姓不知於何得也臣聞父者猶天母者猶地子猶萬物也故天平地安陰陽和調物迺茂成父慈母愛室家之中子迺孝順陰陽不和則萬物夭傷父子不和則室家喪亡故父不父則子不子君不君則臣不臣雖有粟吾豈得而食諸師古曰論語云齊景公問政於孔子孔子對曰君君臣臣父父子子公曰善哉信如君不君臣不臣父不父子不子雖有粟吾豈得而食諸言父子君臣之道不立則國必危亡倉廩雖多吾不得食也昔者虞舜孝之至也而不中於瞽叟師古曰中當也瞽叟舜父也言不當其意也中音竹仲反孝已被謗伯奇放流師古曰孝已伯奇並已解於上骨肉至親父子相疑何者積毀之所生也由是觀之子無不孝而父有不察今皇太子為漢適嗣師古曰適讀曰

汲黯鄭當時傳

鄭當時字莊陳人也其先鄭君嘗

爲項籍將籍死而屬漢高祖令諸故項籍臣名籍鄭君獨不奉詔詔盡拜名籍者爲大夫而逐

鄭君鄭君死孝文時

倫理

然張耳陳餘始居約時集解駰案漢書音義曰在貧賤時也相然信以死豈顧問哉索隱鄧展要用字苑云然猶爾也謂相和同諾者信也謂然諾相信雖死不顧也及據國爭權卒相滅亡何鄉者相慕用之誠後相倍之戾也豈非以利哉索隱有本作私利交漢書作勢利交故廉頗傳云天下以市道交君有勢則從君無勢則去此固其理也名譽雖高賓客雖盛所由殆與太伯延陵季子異矣

韓信曰漢王遇我甚厚載我以其車衣

我以其衣食我以其食吾聞之乘人[illegible]人之患衣人之衣者懷人之憂食人之食者死人之事吾豈可以鄉利倍義乎

蒯生曰足下自以為善漢王欲建萬世[illegible]臣竊以為誤矣始常山王成安君為布衣時相與為刎頸之交後爭張黶陳澤之事二人相怨常山王背項王奉項嬰[illegible]逃歸於漢王漢王借兵而東下殺成安君泜水之南頭足異處卒為天下笑此二人相與天下至驩也然而卒相禽者何[illegible]生於多欲而人心難測也今足下欲行忠信以交於漢王必不能固於二君之相與也而事多大於張黶陳澤故臣以為足下必漢王之不危己亦誤矣大夫種范蠡存亡越霸句踐立功成名而身死亡野獸已盡而獵狗亨夫以交友言之則不如張耳之與成安君者也以忠信言之則不過大夫種范蠡之於句踐也此二人者足以觀矣願足下深慮之且臣聞勇略震主者身危而功蓋天下者不賞臣請言大王功略足下涉西河虜魏王禽夏說引兵下井陘誅成安君徇趙脅燕定齊南摧楚人之兵二十萬東殺龍且西鄉以報此所謂功無二於天下而略不世出者也今足下戴震主之威挾不賞之功歸楚楚人不信歸漢漢人震恐足下欲持是安歸乎夫勢在人臣之位而有震主之威名高天下竊為足下危之韓信謝曰先生且休矣吾將念之後數日蒯通復說曰夫聽者事之候也計者事之機也聽過計失而能久安者鮮

召辱己之少年令出胯下者以為楚中尉告諸將相曰此壯士也方辱我時我寧不能殺之邪殺之無名故忍而就於此項王亡將鍾離眛家在伊廬［集解］徐廣曰東海朐縣有伊盧鄉［索隱］案韋昭曰今中廬縣［索隱］徐注出司馬彪郡國志［正義］括地志云中廬在義清縣北二十里本春秋時廬戎之國也秦謂之伊廬漢為中廬縣項羽之將鍾離眛家在焉素與信善項王死後亡歸信漢王怨眛聞其在楚詔楚捕眛信初之國行縣邑陳兵出入漢六年人有上書告楚王信反高帝以陳平計天子巡狩會諸侯南方有雲夢發使告諸侯會陳吾將游雲夢實欲襲信信弗知高祖且至楚信欲發兵反自度無罪欲謁上恐見禽人或說信曰斬眛謁上上必喜無患信見眛計事眛曰漢所以不擊取楚以眛在公所若欲捕我以自媚於漢吾今日死公亦隨手亡矣乃罵信曰公非長者卒自剄信持其首謁高祖於陳上令武士縛信載後車信曰果若人言狡兔死良狗亨［集解］張晏曰狡猶猾［索隱］吳越春秋作郊兔戰國策曰東郭逡海內狡兔也 高鳥盡良弓藏敵國破謀臣亡天下已定我固當亨上曰人告

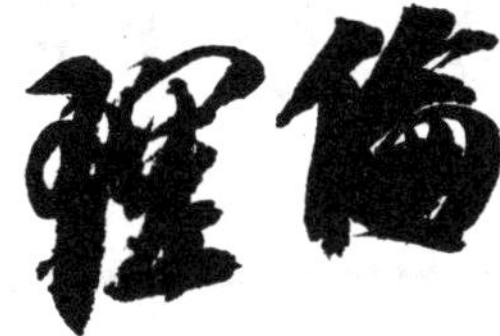

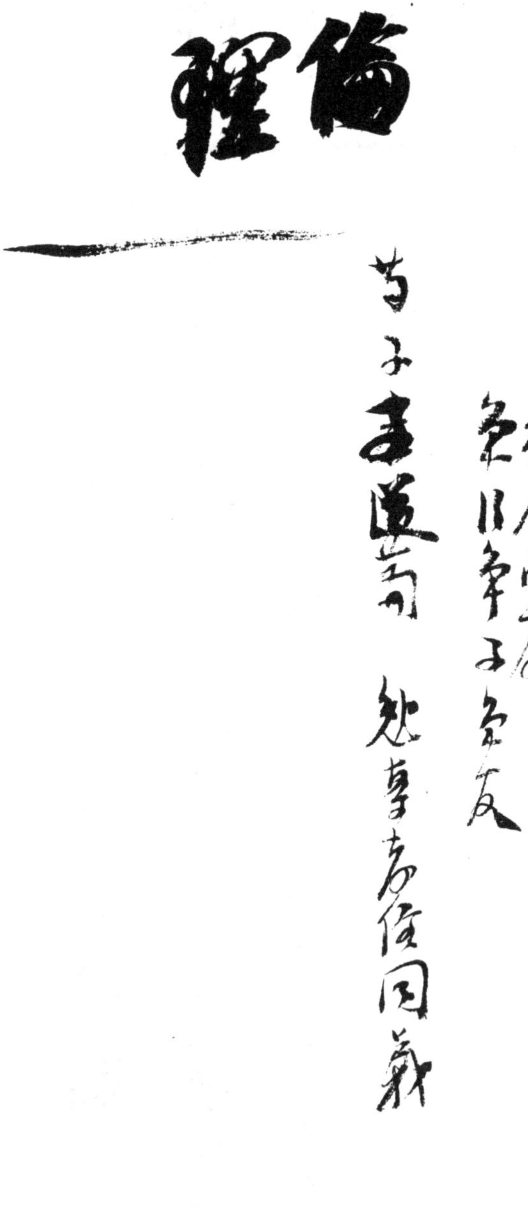

師弟子

學業稱傳，則同師講述，原特盛，其隱柱

或為山居靜，不仕，以傳待弟子，從稱謂其年

不干及其門稱為弟子，及家授業之師

倫理

六朝忠臣無殉節者

陔餘叢考十五七

東家收拾感

倫理

◉老師與門生

（老圃）

受人薦舉者。呼之曰老師。而自稱曰門生。覬人薦舉者。亦拜人曰老師。而自稱曰門生。此科舉時代之汚俗。今科舉雖廢。而此風固未廢也。昔陸象山爲東萊所取士。鵝湖之會。東萊視象山如前輩。不敢與之論辯。象山對東萊。則呼之曰執事。對他人則稱伯恭。亦未嘗認之爲師。張陽和之座師。爲羅萬化。然書牘問訊。相稱以兄弟。陽和既不自以爲師。萬化亦不自以爲弟。知古人不肯輕稱人爲師。韓愈嘗言李翺從僕學文。而李翺則稱吾友韓愈。或稱退之。則有師之實。尚避師之名。況無師之實。而可冒師之名乎。至於門生之稱。則自六朝以來。本爲私人冗從依附戶籍者之稱。其實卽家奴耳。謝靈運傳。奴僮既衆。義故門生數百。知門生與奴僮同類。徐湛之傳。門生千餘人。皆三吳富人之子。姿質端研。衣服鮮麗。每出入行遊。塗巷盈滿。泥雨日悉以後車載之。知門生在不雨之時。皆步隨車後。如俗語所謂跟班。顔竣傳。多假資禮。解爲門生。充朝滿野。殆將千計。知門生。爲招權納賄之媒介。顧琛傳。尚書寺門有制。八坐以下門生隨入者各有差。不得雜以人士。其冗賤可知。梁傅昭不畜私門生。且傳爲美談。由此觀之。門生既非上流。更非善類。下者爲倚勢之豪奴。上者亦不過如紅樓夢小說中詹光單聘仁之徒耳。爲得官計。乃作此生涯。何無恥也。

倫附

論府君臣之誼

陔餘叢考卷十六　漢時郡國守相得自置吏條

倫理

李璀不殺（懷光子）。懷光死，先殺弟而乃自殺。（鑑二三二21上）

唐韻：北人呼父爲阿爹。爹，徒可翻。通鑑德宗貞元六年注（鑑二三三10上）

倫理（勇烈）

補裒在官庭叱盡臣敢太后得罪和熹人禮行臣皆敢哀傳四之當引后始

向雄為郡主簿太守劉毅以非罪笞雄吳奮以少譴繫雄於獄係

為侍中和而不交言武帝敕復君臣之好引兵而疾首去　晉書

向雄為鍾會所辟鍾會伏誅自七出喪　晉書本傳

晉書列傳之第……遺……世界……部遠路雄枝掌事如安中

太守孫惠華承啟之使諸揣為機揣轉之故將也轉充機諸簿

曰如諸揣之籍[illegible]揣問之送段草（宋書）

不德保修廣江太守沙陵——豈為宿郡——宣王傳雷州部從

事之郡邦有所梅保閑門部勤政事語從事曰着部部有遺自

當的寄直繩不宜相逼着不以禮主給樂之從事印也學妻有

孫。同避亂於會稽而還。時正當亂。謝綱紀諸難之。保持四濟於兵

又以車駕。少有極異也。此有大如之廣而不居必守。乃請以京

咸脫壽鄉。（六十上）

晉書卞壼傳：時驃騎從事中郎諸葛玫委長同王文喪鄉。盛稱之

之邪。玫以諸有才辯。臨漳人士。無不指之。壼與玫有舊。顧曰。謝

葛林同興學教之相說乎。卒不見之。玫聞吾悅。（七十上）

又熊遠傳：縣召為功曹。不起。強與衣幘。扶之使謁。十餘日。辭於郡。

由是辟為文學掾。遠曰。辟大不辟小也。固請留縣。太守察遠孝

廉。會太守討氐羌。遠送至隴右而還。送太守會稽及靜

辟為功曹。及靜去職。遠送至會稽以歸。遠豫章南昌人（七一下）

晉書高崧傳：悝寓居江州。廣陵人。刺史華軼辟為西曹書佐。及軼敗。悝藏匿軼子經年。會赦乃出。元帝嘉而宥之。（宋七6b）

又殷浩傳：浩仍將路奔。其故吏顧悅之上疏訟浩。……疏奏。詔追復浩本官。（宋七11b）

顧悅之始將抗表訟浩。親故多諫非宜。悅之決意以聞。又與朝臣爭論。故眾無以奪焉。時人咸稱之。（12b）

又孔愉傳：愉本郡太守周札命為功曹史。札為沈充所害。故人賓吏莫敢近者。愉冒險哭。親行殯禮。送喪還葬。時人義之。（宋七21b）

又王恭傳：牢之遣其婿高雅之子敬宣因恭曜軍輕騎擊恭。恭將還雅之已閉城門。恭遂與弟履單騎奔曲阿。恭久不騎乘。髀生瘡。不復能去。曲阿人殷確。恭故參軍也。以船載之。藏於葦席

之下。將兵桓玄。至丹陽。遣商人錢強。之宿懷於衣。以告殷仲

尉。一收之。以送京師。……初見執。遇故吏戴書之為殷熟令。茶

私告之曰。我有庶兄未葬。在氣母家。卿可為我送寄桓西郡者之

遂送之於廣口。桓玄據舊之。為之表袁庭帝留焉。（見卷）

晉書何無忌傳。會稽世子元顯子彥章封於東海。以無忌為國中

尉。加廣武將軍。及桓玄害彥章於市。無忌入市慟哭而出。時人

義之。（見本紀）

又淳于傳。出為護羌校尉涼州刺史。……初涼州宣城人楊成遠

殺太守以叛。郡人馮忠赴尸號哭。嘔血而死。洪撫人其誅。為護

羌校尉周質所殺。洪為太尉龐參掾。參與賈相讒。罷應死。亦引訴

為禮。詠計理無窮，直遂自刎而死。孝覺超悔，自相和輯。執法清貧，共尊為權共子孫。（以上止）

晉書孝友傳：王談以鍤斬度，自歸。太守孔嚴義其孝勇，列上宥之。嚴與子為孫恩所害。談聞，乃移會稽，修理嚴父子墳墓，其以力。（以上節錄）

又吳蔡傳：稀紹門人散去。思慕遺愛。乃服墓次，畢三年者三十餘人。（以上節錄）

又王育傳：太守杜宣命為主簿。俄而宣左遷萬年令。杜令王攸詣宣。宣不迎之。攸怒曰：卿往為二千石，吾所敬也。今吾儕耳。何故不見迎。卿以小雀遇我，使我畏死鵂鶹乎。育執刀叱攸曰：君辱臣死。

自晉而然。推附乃以非羅雖降。於日月之際平。不必全敢輕辱

至是。邊理玄刀鏡邪。韓然是字。藩將疑之。宣撫。十號下撫音。乃止。

自此知名。（頁九〇）

晉初與韓付植葉。無所不附也。……譙王承以爲湘州刺史。命爲主簿。

王敦之逆。承爲敦將魏乂所執。佐吏奔散。雄與西曹韓階、從事

武延。並毀服爲僮豎。隨承向武昌。乂見雄辭長歎。遂退自稱。

知非凡人。……因害之。……二人執志愈固。及承遇禍。階延扶

營護喪斂。躬自哭奠。俱葬畢乃還。（頁九三）

又羅企生（頁九四）

又高史傳：曹攄。……與尚人戰……死。……而太守何援。並奔

袁金鎧。饑民即賑。以赴災區。（九千版）

晉書隱逸傳：任旭……郡將蔣秀嘉其名。請為功曹。秀居官貪穢。每不奉法。旭正色苦諫。……不納。旭謝去。……久之。秀果被收。旭狼狽營送。（九〇四頁）

又王敦傳：除太子舍人……太子遷許昌。詔東宮官屬不得辭送。敦及洗馬江統、潘滔。舍人杜蕤、魯瑤等。冒禁於路側望拜流涕。時論稱之。（九八頁）

又撫興戴記與……吳隱擅為豫州刺史。徽豫州刺史王彥昌長安……。有詔至長安。告遣呂氏官人擅殺逃人。若來者禁止而薨。豫州別駕宗敞治中任穆主簿邊審詣闕上疏理冤。（七五頁）

晉書姚泓載記：……趙玄與晉將毛德祖戰……被創十餘，據地大呼。玄司馬蹇鑒冒刃抱玄而泣。玄曰：吾創已重，子宜速去。鑒曰：若將軍不濟，去將安之？皆死於陳。（[illegible]）

又慕容超載記：……德兄北海王納之子。苻堅破鄴，以納為廣武太守。數歲去官，家於張掖。……及垂起兵山東。苻昌收納及德諸子，皆誅之。納母公孫氏以耄獲免，納妻段氏方娠，未決，囚之於郡獄。獄掾呼延平，德之故吏也，嘗有死罪，德免之。至是，將公孫及段氏逃於羌中，而生超焉。……平又將超母子奔於呂光。（[illegible]）

又忠義傳[illegible]。……懷帝為豫章王，以[illegible]為郎中令。及帝[illegible]，劉

按以禘帝之殊者。事所難行。考叢屬一體且付祫。如今嫡帝。禘陵
當帝而薪白。離鳥而求生。目前自祝自若舊君。不出紀也。因自
頗之而起見迎
葉此固不僅以故吏而思於舊將為
必僚故吏有見故主之禮也
晉書華禮傳同齡穆為臧子孫之傳二
宋書禮志。漢魏廢帝喪親三年之制。而魏世或為舊君服三年者。
列晉泰始四年。尚書何禎奏協時畢綱紀吏。不計違適。皆反服
舊君齊衰三月。於是詔書下其奏。所適無貴賤。悉同依古典。（下）
至魏
又宋孝武孝建元年。丞相南郡王義宣。二年。雍州刺史武昌王渾。

大屢兼國。世祖以諸王強盛。欲加減削。其年十月己未。大司馬江夏王義恭、驃騎大將軍竟陵王誕表改革諸王車服制度。凡九條。……上因諷有司奏增廣條目。奏曰。……郡縣內史相及封內官長。於其封君。既非在三。罷官則不復追敬。不合稱臣。正宜止下官致敬而已。（宋書江夏王義恭傳）

宋書五行志。吳孫權太元二年正月。立故太子和為南陽王。遣之長沙。有鵲巢其帆檣。和故官僚聞之。皆憂慘。以為檣末傾危。非久安之象。其後果不得其死。（世家）

又劉穆之傳。穆之三子。長子慮之嗣。……卒。子邕嗣。先是郡縣為封國者。內史相並於國主稱臣。去任便止。至世祖孝建中。始革此則由下官致殺。河東王歡之嘗由西廂捐書輕邕。後歡之與邕俱豫元会。並坐。邕性嗜酒，謂歡之曰：卿昔嘗見臣。今不見勸一杯酒。歡之因數孤酷歌答之曰：昔由卿作臣。今與卿比肩。既不勸卿酒，亦不顧卿年。（同上弘）南史王弘

宋世王弘仕桓玄尉參。收道子付廷尉，臣吏莫敢瞻送。弘時尚居喪，獨於道側拜辭，攀車涕泣。論者稱焉。（同上弘）南史王弘

又謝晦走至安陸延頭。爲戍主光順之所執。順之，晦故吏也。（同上晦）晦走，左右皆棄之。唯有延陵蓋追隨不舍。太祖嘉之。以蓋爲長沙王義欣鎮軍功曹督護。（同上）

又沈邵傳：初爲晉琅邪内史王誕龍驤府功曹。桓玄徙誕於廣州。

親故咸離棄之。惟邵情意獨謹。流涕追送。時寇亂饑饉。又饋送其妻子。止（同上）（南史卅二）

暢。……邵兄偉之子也。偉少有操行。為晉瑯邪王國郎中令。從王至洛。還京師。武帝封藥酒一罌付偉。令密加鴆毒。受命。於道自飲而卒。暢……起家為太守徐佩之主簿。佩之被誅。暢馳出奔赴。制服盡哀。時論美之。止（同上卷五十九暢傳）（南史卅二）

宋書朱齡石傳　伯父憲及斌。並為西中郎袁真將佐。憲為梁國內史。斌為汝南內史。大司馬桓溫伐真於壽陽。真以憲兄弟潛通溫。並殺之。齡石父綽逃走歸溫。攻戰常居先。不避矢石。壽陽平。真已死。綽輒發棺戮尸。溫怒。將斬之。溫弟沖苦請得免。綽為人忠烈。受沖更生之恩。事沖如父。……及沖薨。綽歐血死。沖諸子齡石、超石兄弟。……初為殿中將軍，常追隨桓脩兄弟，為脩撫軍參軍，在京口。高祖克京城，以為建武參軍，從至江乘，將戰，齡石言於高祖曰：世受桓氏厚恩，不容以兵刃相向，乞在軍後。高祖義而許之。（同上）南史

宋書毛脩之傳：晉荊州刺史殷仲堪以為寧遠參軍。桓玄克荊州，仍為玄佐。……玄甚遇之。及篡位，以為屯騎校尉。隨玄西奔。玄敗於崢嶸洲，復還江陵。人情離散，議欲西奔漢川，脩之誘令入蜀。馮遷斬玄於枚回洲，脩之之力也。（同上）

胡藩傳：……參郗恢征虜軍事。時殷仲堪為荊州刺史，藩外兄羅企生為仲堪參軍。藩請假還，過江陵省企生。仲堪要藩相見，接待甚厚。藩因說仲堪

曰。桓玄志趣不常。每怏怏於失職。節下崇待太過。非將來之計也。仲堪色不悅。藩退而語企生曰。倒戈授人。必至之禍。若不早規去就。後悔無及。玄自夏口襲仲堪。藩參玄後軍軍事。仲堪敗。企生果以附從及禍。藩歷參太尉將軍相國軍事。義旗起。玄戰敗。將出奔。藩於南掖門捉玄馬控曰。今羽林射手猶有八百。皆是義故西人。一旦捨此。欲歸可復得乎。玄直以馬鞭指天而已。於是奔散相失。追及玄於蕪湖。玄見藩喜。謂張須無曰。卿州故爲多士。今乃復見王叔治。桑落之戰。藩艦被燒。全鎧入水潛行三十許步。方得登岸。義軍既迫。不復得西。乃還家。高祖素聞藩直言於殷氏。又爲玄盡節。召爲員外散騎侍郎。參軍軍事。從

十止

書備之未必爲仲堪擬離其與藩唱功名之士而已。備之吏不免偕危也。

宋書謝景仁傳，景仁弟純……初爲劉毅豫州別駕。毅鎮江陵，以爲衛軍長史、南平相。王鎮惡率軍襲毅，毅已至城下。時毅疾病，佐吏皆入參承。純參承畢已出，聞兵至，馳還入府。左右引車欲還外解，純叱之曰：我人吏也，逃欲何之。乃入。及毅兵敗衆散，時已暗夜，司馬毛脩之謂純曰：君但隨僕。純不從，扶兩人出，火光中爲人所殺。（另二行）

宋書沈攸之傳：攸之既敗，諸將帥皆奔散。權寅功曹臧寅曰：（幸其成功而背其敗）[illegible]人，豈可苟免，我且不忍爲也。捨之不負知遇也。乃投水死。寅字士

先殺嵩之。然後及榮。三軍莫不垂泣。曰。寧可一日。殺二義士。比之臧洪及陳容。榮。金城人也。（見忠壯卷　南史）

宋書文五王傳。竟陵王誕。誕初閉城拒使。參軍賀弼固諫。再三。誕怒。抽刃向之。乃止。或勸弼出降。弼曰。公舉兵向朝廷。此事既不可從。荷公厚恩。又義無違背。唯當以死明心耳。乃服藥自殺。（忠壯）

……初誕使黃門呂曇濟與左右素所信者。將世子景粹藏於民間。謂曰。事若濟。斯命全。脫如其不免。可深擇之。乃以寶貨資遣。出門。並各散走。唯曇濟不去。攜負景粹十餘日。乃為沈慶之所擒。斬之。……誅不加……范義左司馬左將軍。——范義母妻子並在城內。或勸義出降。義曰。我人吏也。且豈辭任何顏

活郡守

宋書孝義傳：龔穎，益州刺史毛璩辟為勸學從事。璩為譙縱所殺。故佐吏並逃亡。穎號哭奔赴，殯送以禮。縱後設宴延穎，不獲已而至。樂奏。穎流涕起曰：北面事人，亡不能死，何忍聞舉樂，蹈跡逆亂乎。縱大將譙道福引出將斬之。道福母即穎姑，跣出救之。故得免。縱既僭號，備禮徵，又不至。乃收穎付獄，脅以兵刃，執志彌固，終無回改。至于蜀平。遂不屈節。（九一止）南史七三

又張進之為太守王味之吏。進之，永嘉安固人。味之有罪當見收。逃避投進之家。供奉經時。盡其誠力。以本村闇迫。移入沙溪。味之墮水沉沒。進之投水拯救。相與沉溺，久而得免。——孫恩之亂。永嘉

大守司馬逸之被害。妻子並死。兵寇之際。莫敢收藏。郡吏蒯念〔俞僉〕以家財營殯斂。逸之二息。送致還都。葬畢。乃擬假還。凡一綫〔南史七三〕

齊書褚淵傳史臣曰。褚淵袁粲。俱受宋明帝顧託。粲既死節於宋氏。而淵逢興運。世之非責淵者衆矣。臣請論之。……自金張世族。袁楊鼎貴。委質服義。皆由漢氏。膏腴見重。事起於斯。魏氏君臨。年祚短促。服褐前代。宦成晉朝。晉氏登庸。與之從事。名雖魏臣。實為晉有。故主位雖改。臣任如初。自是世祿之盛。習為舊準。羽儀所隆。人懷羨慕。君臣之節。徒致虛名。貴仕素資。皆由門慶。平流進取。坐至公卿。則知殉國之感無因。保家之念宜切。……褚淵當泰始初運。清塗已顯。數年之間。不患無位。既以民望而

見引。亦隨民望而去之。夫爵祿從輕。有國常法。因邪已釋。責人以死。彼國人主之所同聽。然情之善者也。」（四三邵）

事。若王延之傳。遷中書令。……孝緒。轉右僕射。升明二年。轉左僕射。宋德既衰。太祖輔政。朝野之情。人懷彼此。延之獨無所偏。唯度中立。無所去就。時人爲之語曰。二王持平。不送不迎。太祖以此善之。」（四二北）

又王思遠傳。宋建平王景素辟爲南徐州主簿。深見禮遇。景素被誅。左右離散。思遠親視殯葬。手種松柏。與廬江何昌㝢沛郡劉璡上表理之。事感朝廷。景素女廢爲庶人。思遠分衣食以相資贍。年長。爲備笄總。訪求素對。傾家送遣。」（四三北）

南史 北史

齊書沈文季傳：晉平王休祐爲南徐州，帝問褚淵，須幹事人爲上佐，淵舉文季。時寧朔將軍驃騎長史南東海太守。休祐被殺，雅相器重。僚佐多不敢至。文季獨往，省墓展哀。（四○止）（卷44下）

又宗室傳：始安王遙光，垣歷生從西門出戰，因棄矟降曹虎，虎命斬之。遙光大怒，於牀上自踊，使殺歷生兒。（四五止）遙光

府佐司馬端爲掌書記，曹虎謂之曰：「身是賊非。」端曰：「僕荷始安厚恩，今死甘心。」虎不殺，執送還臺，徐世檦殺之。（五○）

梁書鄭紹叔傳：紹叔，滎陽開封人也。世居壽陽……本州主簿。時治中從事史。時刺史蕭誕以弟諶誅，臺遣收兵卒至，左右莫不驚散。紹叔聞難，獨馳赴之。誕死，侍送喪柩，衆咸稱之。（卅止）五六　南史止

嶽。隆於漢魏。稱為經學專業。（同九卷）南史

異其文學傳顏協。父見遠。……齊和帝之鎮荆州也。以見遠為錄事參軍。及即位於江陵。以為治書侍御史。俄兼中丞。高祖受禪。見遠乃不食。發憤數日而卒。高祖聞之曰。我自應天從人。何預天下士大夫事。而顏見遠乃至於此也。……感家門事義。不求顯達。恒辭徵辟。遊於蕃府而已。（同卷）

又止足傳陶季直。時褚淵為尚書令。與季直素善。頻以為司空司徒主簿。委以府事。淵卒。尚書令王儉以淵有至行。欲諡為文孝公。季直請曰。文孝是司馬道子諡。恐其人非具美。不如文簡。儉從之。季直又請儉為淵立碑。始終營護。甚有吏節。時人稱之。（同二十八卷）

陳書蕭摩訶傳：摩訶有騎士陳智深者，勇力過人。以平叔陵功爲巴陵內史。摩訶之戮也，其妻子先已籍没，智深收摩訶屍，手自殯斂，哀感行路，君子義之。（此四字南史亡）

又文學傳：許亨，初僧辯之誅也，所司收僧辯及其子頠尸，於方山同坎埋瘞，至是無敢言者。亨以故吏抗表請葬之，乃與故義徐陵、張種、孔奂等，相率以家財營葬，凡七柩，皆改窆焉。（此四字南史亡）

南史宋武帝紀：義熙十一年，帝率衆西討。……休之府録事參軍韓延之，以辭同。帝未至江陵，密書招之。延之報書曰：……以平西之至德，寧可無授命之臣乎。假天長喪亂，九流渾濁，當與臧洪游於地下，不復多云。帝視書歎息，以示將佐，曰：事人當如此。

南史宋宗室及諸子傳　宋武帝中弟長沙景王道憐之子……與袁粲等謀誅齊高帝，奔石頭。……先是，丁靈衛閉難卻入。謂左右曰：今日之事，雖以敗禍。但我受劉公厚恩。義無二情。（十三頁）

又宋文帝諸子傳　竟陵王誕，王璵之。琅邪人。……其妻子先在建鄴。璵之賫東城。慶之獲其妻子。示而招之。許以宥貸。璵之曰：吾受主王厚恩。不可以二心。六十之年。未獲死所耳。安可以私親讓之。吾子號叫挽其父。及城平。慶之撲殺之。（十四頁）

又建平宣簡王宏子景素，主簿何昌寓與記室王摛等上書訟其冤。故人殷渙、秀才劉璡。又上書述其德美。雖不見納。（十四頁）

南史朱齡石弟超石。……桓謙為衛將軍。以補行參軍。後至高帝徐州主簿。收迎桓謙身首。躬營殯葬。（卅六18）

又王奐傳。奐既誅。故吏無敢至者。汝南許明達先為奐參軍。躬為殯斂。經理甚厚。當時高其節。（卅三16）

又王懿傳。仲德兄孫文和。景和中。為征北鄱陽王昶府佐。昶投彭城。奔魏。部曲皆散。文和獨送至界上。昶謂曰。諸人皆去。卿有老母。何得不去。文和乃去。（卅五22）

又垣崇祖傳。永明之年。……誅之。故人無敢至者。獨有前豫州主簿夏侯恭叔。出家財為殯。時人以比欒布。（卅五24）

又袁粲傳。粲小兒數歲。乳母將投粲門生狄靈慶。靈慶曰。吾聞出郎負其有原意。今袁氏已滅。汝匿之者惟為弟。遂撻以首。乳母號泣呼天曰。昔於汝有恩。故肯冒己難相匿。今何故殺郎負以求小利。若天地鬼神有知。我見汝滅門。此鬼死後。靈應常見如騎大馬狗戲如平常。經年餘。驄陽忽見一狗走入其家。選覺靈應於庭。噬殺之。少時其子皆死。此狗即袁郎所常騎也。（冊六上）

南史陳伐之傳。乃與弟三子中書侍郎文和。弟華容令文頤。林投州吏嶽。此吏嘗為伐之所親。待伐之甚厚。而以往事相告。廣縣陶而都人。斬斯之。伐之於櫟林與文和俱自縊死。村人斬首送之都……極西壹府尚臨見。以家財葬伐之。（冊七上）

又伐之表徹天疏猶其記室南陽宗懍之辭也。末數貴之。答曰云

尚知之。蓋尚書輩所識。遂伏誅。四七8上

南史孝武帝諸子晉安王子勛。僚佐皆奔散。唯周英及外兵參軍王殷更移入城內。子勛聞之。歎曰。不意王府有義士二人……

……害之。故人懼罪。無敢至者。唯英殷僧慧防閤僧慧董巍哭盡哀。為表讓。……玄謨中護軍王玄謨知其謀子勛之謀。執之。僧慧曰。晉安舉義兵。僕與議。古人云。非死之難。得死之難。僕得為主人死。不恨矣。願至主人大斂畢。退就湯鑊。雖死猶生。玄謨義而許之。遂具白明帝。乃配東冶。言及九江時事。輒悲不自勝。子懋子昭基九歲。以方二寸絹為書。參其消息。並遣錢五百。以金假人。崎嶇得至。僧慧識其筆跡曰。此郎君書也。悲慟而卒。陸超之……子

慚既啟。于琳之勸其逃亡，答曰：人皆有死，此不足懼。吾若逃亡，
非惟孤晉安之眷，亦恐田橫客笑人。交遊莽，乃其親欲因將還
都。而超之亦端坐待命。超之門生推詡，謂殺超之者當賞，乃
伺超之坐，自後斫之。頭墜而身不僵。方遷嘉其節，以禮殯斂，閭不助舉棺。未出戶，棺墜，政壓其頭，折，即死。聞之者莫不以為有
天道焉。（南四四）

南史陳顯達傳……益州刺史鄭之起表為府參史，巴西梓潼二
郡太守。……除蜀郡太守。……之起死於蜀郡，部曲皆散。顯
達自營殯斂，攜持喪柩歸鄉里。（南四十五）

南史鄭之燬傳：之燬為蕭淵猷府録，城吏廣漢羅研。羅研嘗謂記之。

（王琳）

南史王琳傳：傳首建康，懸之於市。琳故吏梁驃騎府倉曹參軍朱瑒致書陳尚書僕射徐陵求琳首。……仍與開府主簿劉韶慧等持其首還於淮南，權瘞八公山側，義故會葬者數千人。……及琳為陳軍所執，吳明徹欲全之，而其下將領多琳故吏，爭來致請，并相資給。明徹由此忌之，故及於難。（公義附）

又吳明徹傳：以其遘疾，卒於長安。以故吏護其柩還。（公義附）

又儒林傳：嚴植之仕齊，為廣陵王國右常侍。仍侍王讀，及王誅，國人莫敢視，植之獨奔哭，手營殯斂，徒跣送喪墓所，為起冢。葬畢，乃還。當時義之。（公一部）

南史孝義傳「宋江夏王義恭爲揚州，召爲西曹書佐。及義恭誅，虞之自傷爲吏無狀，不復肯仕，終於隱舍。」（七三7上）

又吳郡之「宋元嘉末，蕭闓之爲武進縣吏，隨王誕起義，出遣軍王華欽討之。吏人皆散，闓之獨留見執。」（七三8上）

又柳叔夜「補遣之諮議參軍。及事敗，左右扶上馬，引與俱亡。答曰：吾已許諸君以死，豈可負之也。遂自殺。」（七三8上）

又江泌「學事帝以爲南康王子琳侍讀。建武中，明帝害諸王後，泌憂念子琳，詣誌公道人，問其禍福。誌公覆香鑪灰示之曰：都盡無餘。及子琳被害，泌往哭之，淚盡續以血。親視殯葬畢，乃去。」（七三□上）

謝朏不與禪代。見梁書本傳(十五上) 又百志(卅上) 又顏協(五十上)

陳書儒林傳沈文阿紹泰元年。入為國子博士。尋領步兵校尉兼掌儀禮。——及高祖受禪。文阿輒棄官還武康。高祖大怒。發使往誅之。時文阿宗人沈恪為郡。請使者寬其死。即面縛鎖頸致於高祖。高祖視而笑曰。腐儒。復何為也。遂赦之。(四十三下)

主簿遞代相承服斬過葬便除　佐吏準境內之民齊衰三月 魏書

公孫表山安廿七外傳（卅三下）

劉裕誅刁氏刁雍爲父暢故吏所匿 魏書刁雍傳（卅八上）

魏城陽文獻王徽避故吏宅故吏怖令避他所使人於路邀害送尸爾朱兆 魏書徽本傳（十九下外）

刁雍族孫鑒爲中山王英所知賞中山王熙誅護其弟略 魏書刁雍傳（卅八下）

韓子熙爲清河王懌所眷遇元叉害懌久不得葬子熙言王若不得復葬以禮遷葬誓終身不仕與懌吏伏彩上書 魏書韓麒麟傳（六十上）

裴植故吏刁沖上疏訟植 魏書裴植傳（七十一）

清河王懌辟陽固，懌被害，門生吏屬莫不虞禍隱避，固獨詣喪所

盡哀慟哭。魏書固傳（七十二）　初領汝南王悅郎中令，悅爲太尉，固爲上

疏切諫。上同

杜道儁子超爲兗州刺史，從坐受誅，故吏汲宗等求得收葬。魏書杜超傳（八

三上）

效其於地方官者，石文德、劉億仁、石祖興、邵洪哲，見魏書節義傳

（八十七上）汲固傳後事作

魏書良吏傳：杜纂，常山九門人也。少以清苦自立。時縣令齊羅表

亡，無親屬收瘞，纂以私財殯葬，由是郡縣標其門閭。（八十八）

周高祖詔齊王憲得諫臣之義，此可施於天下。傳（周書憲傳）（十二）

周書申徽傳：元顥入洛。以元邃為東徐州刺史。邃引徽為主簿。
顥敗。邃被檻車送洛陽。故吏賓客並委去。唯徽送之。及邃得免。乃
廣集賓友。歎徽有古人風。（卷卅二）

又劉璠傳：（卷四十二）上黃侯蕭曄所器重。……璠隨曄在淮南。……及曄
終於毗陵。故吏多分散。璠獨奉曄喪還都。墳成乃退。梁簡文時
在東宮。遇曄素重。諸不送者皆被劾責。唯璠獨被優賞。（同上）

隋書高祖紀：開皇三年七月云。詔曰。……河陰太守杜猷。身陷
賊徒。命懸寇手。郡省事范臺玫。傾產營護。免其戮辱。……宜超
恒賞。用明沮勸。臺玫可大都督。假湘州刺史。（同上卷一）

又文四子傳秦孝王俊：王延者。性忠厚。領親信兵十餘年。俊甚禮

之。及後有疾，延恒在床下，殊不解帶。後薨，勺飲不入口數日。羸瘠骨立。上聞而閔之，詔以御藥。授驃騎將軍，典宿衛。後葬之日。延號慟而絕。上嗟異之，令通事舍人而諭之，諸弟乃移倚廬例。（同上卷）

北史隋本紀開皇二十年十二月戊午，詔東宮官屬於皇太子不得稱臣。（卷十一）

北史孝行傳：吳悉達每守軍殯喪，私辦車牛送終葬所。（卷八四）

又節義傳：張安祖，河陽人也。襲世爵北山侯。時有元承貴為河陽令，家貧且赴尚書求選，逢天寒，遂凍死路側。一子年幼，停屍門巷，棺殮無託。安祖悲哭盡禮，買木為棺，手自營作，殮殯周給。經郡嘉歎，為之聞奏，標其門閭。（同上卷）

此吳聲淑傳姚信垣次之嚴詩寫至義通秀鎮益州還秀附可為
……貢陸陰有異謀陳猜文帝令公卿大夫會所廣雜鞫郭璋等
垂撥之於秀嚴獄曰凡有不法皆嚴所為王實不知也榜訊數
百卒無異辭竟伏誅論者韙之（九十[illegible]）

倜儻（父子）

晉書阮籍傳。帝（文帝）引爲大將軍從事中郎。有司言有子殺母者。籍曰。嘻。殺父乃可。至殺母乎。坐者怪其失言。帝曰。殺父天下之極惡。而以爲可乎。籍曰。禽獸知母而不知父。殺父。禽獸之類也。殺母。禽獸之不若。衆乃悅服。（四九下）

宋書孝義傳。郭世道。家貧無產業。傭力以養繼母。婦生一男。夫妻共議曰。勤身供養。力猶不足。若養此兒。則所費者大。乃垂泣瘞之。（九一上）

倫理師事

晉書孝友傳許孜。……年二十。師事豫章太守會稽孔沖。受詩書禮易及孝經論語。學竟。還鄉里。沖在郡喪亡。孜聞問盡哀。負擔奔赴。送喪還會稽。蔬食執役。制服三年。(又引)

又隱逸傳郭瑀。……敦煌人也。……東遊張掖。師事郭荷。……荷卒。瑀以為父生之。師成之。君爵之。而五服之制。師不服重。蓋聖人謙也。遂服斬衰。廬墓三年。(九の註)

徐遵明與任城太守李湛同舉義兵被害。弟子李業興為之請謚

魏書儒林傳(分の外)

道德

求道德當觀標準之難。曰野蠻民族純樸矣，寬容真實，能達矣。先知先覺之人學則力務矣，其言皆無一定。

知死之不足畏，則生之時無所畏。

不安寧之源，實繫累也。則有某德先去鄙陋。

但聽仇我者之言，仇我者知我多者也。

以為有此物，實則此物有無。

道德鍛鍊亦可使某一器官得不平衡之擴大。

道德

人生而有好譽惡毁之性　故不對研究他人　因之受羣衆塑造

更高則受理想節制。不問毁譽。此非神秘之理所能育成　當有偉人為之表率歷史可以神話補之　崇佛之法不印此理　遺後類佛之時人也尊道者所受教育以然。

此人當習慣而發為抵抗力最小之途徑。無所謂道德律也

動機之理智情緒　自以其高級使役兩衝動時
見之　人不受本能之所制代以自以爲無不服矣社
會將無反理成．自以人即無一羣此亦不可以久
革命之機伏了

人而非上帝倫理乃處理人生之方法也

倫理學之意義。嚴格言之當曰人生哲學

倫理與道德學教育合一〇道德者須與國家教育用人身化

若謂三者各不相容則人類將難矣

漢時親受業者爲弟子，轉相傳授者爲門生。宋代始混同門人弟子爲二，非是。（求古錄禮說十三門人條）

倫理學爲行爲之客觀標準。求其發見之人之行爲者，起於大衆動。種族國家黨國等偏見，皆可化除。

倫理學者從事研究。非勸人爲善運用意志等所能奏效，此外研究尤重人類學、心理學、醫學、社會學、古物學。

倫理學上有第二問題：生，舊史謂已發生無限性質之情，須以代之。生命自己不必有始，非有來歷之徵也。地球非中心，太陽亦如小人身，不能以此自大也。人不能知宇宙真相者，本不能知也。莫信有靈魂，其人所聞，以其身生時，而非死後也。

倫理

賤老之風

索謨蘭人老父被逐爲奴隸　貝督英人老男仗士兵

似無生活於子孫之育　家族論　二〇三頁

倫理

倫理與道德宗教之異，曰道德偏風俗，倫理偏於學之方面。道德守舊，倫理趨新，研究而後有發達變遷。傳之道德偏外表，倫理乃固定條件則不然。道德為關係常生，依守規則而成風流，於理想。倫理者選擇，故道德之錯誤者以倫理校正之。宗教超自然主義，倫理則社會道德也。宗教較為晦昧，雜於理論上權威上為絶對幼稚。道德宗教無須研究。倫理貴研究，以理學討論人之行為。風俗與社會思想為之也。蓋研究人所重治之世界而為人類乃皆有機體與環境交互所生也。倫理所研究者非死地球而非天，為人之國者，而非地球凡

道德

禮之原

管子樞言篇：人之心悍，故為之法。法出於禮，禮出於治。治禮，道也。萬物待治禮而後定。

又八觀篇：貴賤[illegible]之[illegible]天下[illegible]刑罰中否[illegible]

無[illegible]無理

道德

由吾生發創以新人　法貴乃生命傳續之一川流

之之呼

冒險以為　藝術的崇高　之學的一知的崇高

自己保存的本能衝動于擴伸世界之道義

本能的工藝　學術道德　之讚頌

為科學的的書雜

自己保存本能的衝動于不得

為宗教之創和諧　而擴界中極其豐固之本之實

崇圖

理想的實現而完其創造奇妙之奇　周而時故

信

霸者

「天子有所父事諸侯有所兄事謂君三老五更也」

然又聖者道守王能天子兄有父王不近乎霸

能此義者有其名之誼

朋友（服喪）

人者神明同人者五情五情既同焉得無夢故禮記文王世子有九齡之夢尚書有武王夢協之言孔子之喪，門人疑所服。無喪師之禮子貢曰：昔者夫子之喪
顏淵，若喪子而無服，喪子路亦然。請喪夫子若喪父而無服。無服不爲衰弔服而加麻心喪三年疏孔子至無服○正義曰此一節
論弟子爲師喪制之禮各依文解之○門人疑所服者依禮喪師無服其事分明今夫子之喪門人疑者以夫子聖人與
凡師不等當應特加喪禮故疑所服○注弔服至三年○正義曰知爲師弔服加麻者案喪服朋友麻其師與朋友同故
知亦加麻也必知喪師與朋友同者案下云孔子之喪二三子皆絰而出羣居則絰出則否是弟子相爲與爲夫子同但
絰出與不出有異明其服同也云弔服而加麻麻謂絰與帶也皆以麻爲之故云加麻也又喪服緦麻章云朋友麻鄭云
朋友雖無親而有同道之恩相爲服緦之絰帶是也鄭知服緦之絰帶者緦爲五服之輕又與錫衰等同爲弔服之屬故
知緦之絰帶也論云爲師及朋友皆既葬除之案司服云王爲三公六卿錫衰爲諸侯緦衰爲大夫士疑衰其首服皆弁
絰鄭司農云錫者十五升去其半有事其布無事其縷鄭康成云無事其縷哀在內以服稍重故但治事其布不治事其
縷鄭司農又云緦十五升布去其半有事其縷無事其布鄭康成云無事其布哀在外以其稍輕故得治縷也司農又云
疑衰十四升康成云疑之言擬也擬於吉服謂比擬吉服十五升也首服弁絰者鄭注司服云弁絰如爵弁而素加環絰
鄭知如爵弁者見下文云殷人冔而葬又云弁絰葛而葬與神交之道冔是祭冠也故知弁絰是爵弁也知加環絰者以
雜記云小斂環絰云大夫士一也天子弔諸臣之服無問當事與不當事皆弁絰也諸侯以錫衰爲弔服但首服有異弔
他國皆首服皮弁故喪服小記云諸侯弔必皮弁錫衰是也若弔已臣當事則弁絰故服問云公弔當事則弁絰於士雖當事

亦皮弁諸侯雖以錫衰爲常弔之服其弔士亦有緦衰疑衰故鄭注文王世子云同姓之士則緦衰異姓之士則疑衰卿大夫亦以錫衰爲弔服當事亦弁絰故鄭注喪服云諸侯及卿大夫亦以錫衰爲弔服當事乃弁絰否則皮弁辟天子也其士之弔服則疑衰故鄭注喪服云士以緦衰爲喪服其弔服則疑衰也舊說以爲士弔服布上素下鄭注云此實疑衰也改其裳以素辟諸侯也當事亦弁絰故鄭注喪服云士弁絰皮弁之時如卿大夫用弔服皆有弁絰皆無帶也知無帶者周禮司服及服問但云弁絰不云帶故知然也其朋友之服諸侯及大夫等則皆疑衰故鄭注喪服云朋友之相爲服則士弔服也既特云士弔服明諸侯大夫等皆用士之弔服唯加緦之絰帶爲異耳是以喪服朋友麻鄭注云服緦之絰

帶又下文云子游襲裘帶絰而入鄭注云所弔者朋友是朋友相爲加帶凡朋友相爲者雖不當事亦弁絰故下文云羣居則絰是也其庶人鄭注喪服云庶人不爵弁則其弔服素冠委貌鄭注不顯所著之服文承疑衰素裳之下則庶人亦用疑衰或者庶人布深衣當服布深衣冠素委貌也○

（德）朋友

宿草不哭｜爲師心喪三年朋友期

○曾子曰朋友之墓有宿草而不哭焉。宿草謂陳根也爲師心喪三年於朋友期可○期音朞

疏曾子至哭焉○正義曰曾子孔子弟子姓曾名參字子輿魯人也宿草陳根也草經一年陳根陳也朋友相爲哭一期草根陳乃不哭也所以然者朋友雖無親而有同道之恩言朋友期而猶哭者非謂在家立哭位以終期年張敷云謂於一成之内如聞朋友之喪或經過朋友之墓及事故須哭如此則哭焉若期之外則不哭也

檀弓上

喪服明文出於他郡禮人

朋友麻

君臣

君臣之原

軍長集將戰之士 督教之 勇重則養之 君權生

于此家國私產

起原頁232

朋友（做）

學中 相趨 相揖 相問 相見 朋友

即位反位 疏 卒袒至三襲。注主婦至反位。釋曰卒謂贈卒更袒拜賓云反位者各反羨道東西位其男賓在衆主人之南女賓在衆婦之南 賓出則拜送 相問之賓也凡弔賓有五去皆拜之此舉中焉 疏 賓出則拜送。注相問至中焉。釋曰鄭知賓是相問之賓也凡弔賓有五此舉中者案雜記云相趨也出宮而退相揖也哀次而退相問也既封而退相見也反哭而退朋友虞附而退注云此弔者恩薄厚去遲速之節也相趨謂相聞姓名來會喪事也相揖嘗會於他也相問嘗相惠遺也相見嘗執贄相見也以此而言此經既葬而退是相見問遺之賓舉中以見上下五者去即皆拜送可知 藏器於旁加見 器用器役器也見棺飾也更謂

食之處但主人既在西階親所行禮之處以婦人無外事故於饋食之處哭也云出即位堂上西面也者自小斂奉尸夷于堂已後主婦等位皆在阼階上西面是以知出即位者阼階上西面也云拾更也者凡成踊而拾皆主人踊主婦人踊賓乃踊故云更也 賓弔者升自西階曰如之何主人拜稽顙 賓弔者衆賓之長也反而亡焉失之矣於是爲甚故弔之弔者北面主人拜於位不北面拜賓東者以其亦主人位也今文無曰。 疏 賓弔至稽顙。注賓弔至無曰。釋曰知賓弔是衆賓之長者以其弔賓皆在堂下今升堂釋詞故知賓中爲首者賓之長也云反而亡焉失之矣於是爲甚者亦檀弓文引之證周人反哭而弔哀之甚也云弔者北面者以經云賓弔者升自西階即云曰如之何不見弔者改面之文明升堂北面可知云主人拜于位者拜于西階上東面位知者以其上經主人升自西階東面故知仍東面位也云不北面拜賓東者以其亦主人位也者鄉飲酒鄉射主人酬賓皆於賓右主人位特牲少牢助祭之賓主人皆拜送于西階東面故於東面不移以其亦主人位故也 賓降出主人送于門外拜稽顙 賓降至稽顙。釋曰此於雜記五賓當相見之[illegible][illegible]注云中聞[illegible]五賓皆從而弔也 遂適殯宮皆如啓位拾踊三 啓位婦人入升堂丈夫即中庭之位 疏 遂適至踊三。注啓位至即位。釋曰案上喪禮朝夕哭

友

友也者不可以有挾也

孟子 萬章下

孟子曰 鄉之善士斯友鄉之善……

又

慎於擇友 義在擇其行也

禮傳右擇其友也擇友擇其行也 法傳左……文乃

擇友古同

倫匯

臣死父師君之難其後——[illegible]

事子夫臣婦未更諂臣國子兄弟師友義

[illegible]為、為僕書為師僕上為下僕兄弟其道則賊

不死不知賊則無教

[illegible]士、諂老為僕

耕[illegible]書、應年八分元

[illegible]、應年八分元年[illegible] [illegible]

子夏喪其子而喪其明明目精。而喪息浪反下喪明喪爾明同曾子弔之曰吾聞之也朋友喪明則哭之痛之曾子哭子夏亦哭曰天乎予之無罪也怨天罰無罪曾子怒曰商女何無罪也吾與女事夫子於洙泗之間言其有師也洙泗魯水名。女音汝下同洙音殊泗音四洙泗二水名退而老於西河之上西河龍門至華陰之地。華徐胡化反使西河之民疑女於夫子爾罪一也言其不稱師也喪爾親使民未有聞焉爾罪二也言居親喪無異稱。稱尺證反喪爾子喪爾明爾罪三也言隆於妻子而曰女何無罪與子夏投其杖而拜曰吾過矣吾過矣謝之且服罪也。與音餘吾離羣而索居亦已久矣羣謂同門朋友也索猶散也。離羣羣朋友也上音晉索悉各反猶散也下注索居同

疏 子夏至久矣。正義曰此一節論子夏恩隆於子之事案仲尼弟子傳云子夏姓卜名商魏人也哀喪其子而哭喪失其明曾子是子夏之友故云朋友喪明則哭之子夏喪子之時曾子已弔今爲喪明更弔故曾子先哭子夏如哭云疑女於夫子者既不稱其師自爲談說辨慧聰睿絕異於人使西河之民疑女道德與夫子相似皇氏言疑子夏是居夫子之身然子夏魏人在西河之上姓卜名商西河之民無容不識而言是魯國孔丘不近人情皇氏非也

朋友

生館死殯

檀弓上：賓客至，無所館。夫子曰：生於我乎館，死於我乎殯。注似指客死人此明孔子因助祭入太廟廟中禮儀祭器雖知之猶每事復問慎之至也 朋友死無所歸曰於我殯 孔曰重朋友之恩無所歸言無親昵 疏 朋友死無所歸曰於我殯正義曰此明孔子重朋友之恩也言朋友若死更無親昵可歸孔子則曰於我殯與之爲喪主也 朋友之饋雖車馬非祭肉不拜 孔曰不拜者有通財之義 疏 朋友之饋雖車馬非祭肉不拜○正義曰此言孔子輕財重祭之禮也朋友有通財之義故其饋遺之物雖是車馬非祭肉不拜謝之言其祭肉則拜之尊神惠也 寢不尸 包曰偃臥四體布展手足似死人 居不容 孔曰爲室家之敬難久 疏 寢不尸居不容

朋友

顔淵季路侍子曰盍各言爾志子路曰願車馬衣輕裘與朋友共敝之而無憾孔曰憾恨也顔淵曰願無伐善孔曰不自稱己之善無施勞孔曰不以勞事置施於人

公冶長

道德

復言荀息　左僖九　解揚　宣十五　華周　襄廿三

復言非信　見哀十六

以周事子　左昭廿　棄與周乃寃　杜解似誤

和同之異　和羹譬喻　昭廿

小邾射求季路要　左哀十四　甯氏求子鮮　僖廿六（四）

〈風氣〉道德

〈王僧孺之傳〉僧孺蒙賦自況于江湖

女子自投於瀨水

〈周朗之傳〉一吾韓諸子于戰壽子　禁子平事　自對之志〈傳曲〉紀

趙君子

臥治未嘗與黃郡　〈史〉何此釋二子

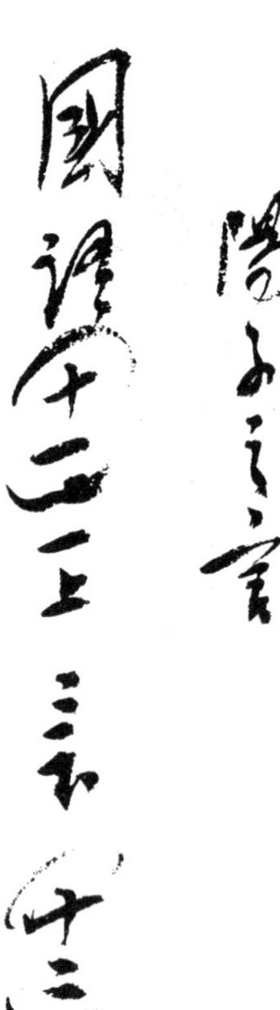
陽子之言
國語（十二上）三冊（十三止）

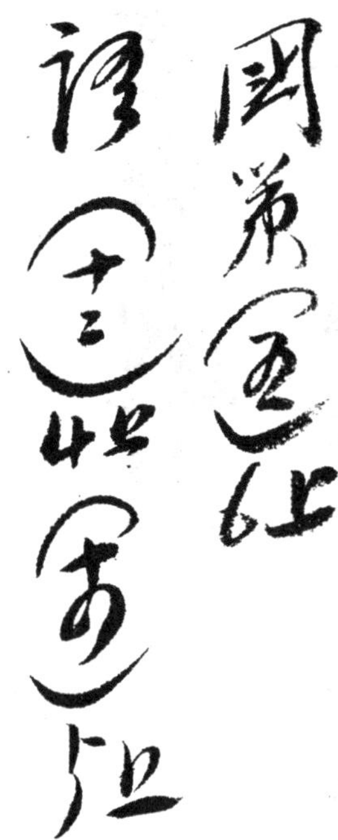

道德

有罪不能逃刑

鬻拳 慶鄭 先軫皆見左氏 李離見韓詩外傳史記循吏列傳

送信

行權寄書人

公權上

道德

禮義廉恥

見管子牧民篇四維　亦權修及牧民均

下節云禮義廉恥語本

道德

無〻疾捨善〻樂終

為賢者諱由與夏以華　儀十七

道德

「苦諦集諦事」

另寫十二解話

道德

九德惟見皋陶謨

主政集德惟乃拂佰徃任蹤

德行

荀子人有五等

庸人 士 君子 賢人 大聖 見哀公篇二节

道德

軍人道德

家內和平而對家外恒敵視　其家族亦然

國與國亦然　惟自由其位

而正義

所以種族中心至親仁　文

人類學

二大宗　也

諫諍章第十五

疏 正義曰此章言爲臣子之道若遇君父有失皆諫爭也曾子問聞揚名已上之義而問子從父之令夫子以令有善惡不可盡從乃爲述諫爭之事故以名章次揚名之後

曾子曰若夫慈愛恭敬安親揚名則聞命矣敢問子從父之令可謂孝乎 事父有隱無犯又敬不違故疑而問之○

疏 曾子至孝乎○正義曰前章以來唯論愛敬及安親之事未説規諫之道故又假曾子之問曰若夫慈愛恭敬安親揚名則已聞命矣敢問子從父之教令亦可謂之孝乎疑而問之故稱乎也尋上所陳唯言敬愛未及慈恭而曾子并言慈恭已聞命矣者皇侃以爲上陳愛敬則包於慈恭矣慈者孜孜愛者念惜恭者貌多心少敬者心多貌少如侃之説則慈恭愛敬之别何故云包慈恭也或曰慈者接下之别名愛者奉上之通稱劉炫引禮記内則説子事父母慈以旨甘喪服四制云高宗慈良於喪莊子曰事親則孝慈此並施於事上夫愛出於内慈爲愛體敬生於心恭爲敬貌此經悉陳事親之跡寧有接下之文夫子據心而爲言所以唯稱愛敬曾參體貌而兼取所以并舉慈恭如劉炫此言則知慈是愛親也恭是敬親也安親則上章云故生則親安之揚名即上章云揚名於後世矣經稱夫有六焉蓋發言之端也一曰夫孝始於事親二曰夫孝德之本三曰夫孝人之經四曰夫然故生則親安之五曰夫聖人之德此章云若夫慈愛並卻明前理而下有其趣故言夫以起之劉瓛曰夫猶凡也○注事父至問之○正義曰禮記檀弓云事親有隱而無犯以經云從父之令故注變親爲父案論語云事父母幾諫見志不從又敬不違引此二文以成疑疏證曾子有可問之端也

子曰是何言與是何言與 有非而從成父不義理所不可故再言之 昔者天子有爭臣七人雖無道不失其天下諸侯有爭臣五人雖無道不失其國大夫有爭臣三人雖無道不失其家 降殺以兩尊卑之差爭謂諫也言雖無道爲有爭臣則終不至失天下亡家國也 士有爭友則身不離於令名 令善也益者三友言受忠告故不失其善名 父有爭子則身不陷於不義 父失則諫故免陷於不義 故當不義則子不可以不爭於父臣不可以不爭於君 不爭則非忠孝 故當不義則爭

孟子謂蚳鼃曰子之辭靈丘而請士師似也爲其可以言也今旣數月矣未可以言與蚳鼃齊大夫靈丘齊下邑士師治獄官也周禮士師曰以五戒先後刑罰無使罪麗於民孟子見蚳鼃辭外邑大夫請爲士師知其欲近王以諫正刑罰之不中者數月而不言故曰未可以言歟以感責之也蚳鼃諫於王而不用致爲臣而去三諫不用致仕而去齊人曰所以爲蚳鼃則善矣所以自爲則吾不知也齊人論者譏孟子爲蚳鼃謀使之諫不用而去則善矣不知自諫不用而不去故曰我不見其自爲謀者公都子以告公都子孟子弟子也以齊人語告孟子也曰吾聞之也有官守者不得其職則去有言責者不得其言則去我無官守我無言責也則吾進退豈不綽綽然有餘裕哉官守居官守職者言責獻言之責諫諍之官也孟子言人臣居官不得守其職諫正君不見納者皆當致仕而去今我居師賓之位進退自由豈不綽綽然舒緩有餘裕乎綽裕皆寬也

疏孟子謂蚳鼃曰至綽綽然有餘裕哉

吏臣

敘官

姓無死虜之患。此軍士之所以為功者也。奉主法。治竟內。使強不陵弱。衆不暴寡。萬民驩盡其力。而奉養其主。此吏之所以為功也。匡主之過。救主之失。明理義以道其主。主無邪僻之行。蔽欺之患。此臣之所以為功也。故明主之治也。明分職而課功勞。有功者賞。亂治者誅。誅賞之所加。各得其宜。而主不自與焉。故明法曰。使法量功。不自度也。

管子明法解

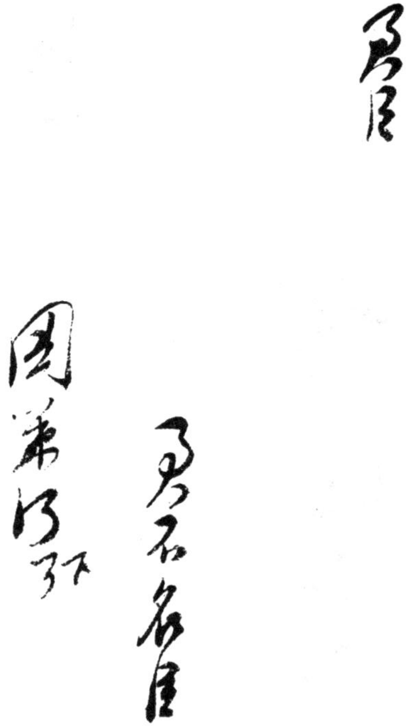

易君

易君左名臣

周策縱足下

倫理

讀（七）1上5下（十）3上（十四）2上

倫理

（天道）圖第（十）了下

倫理

自殺以恢復名譽

他年其二子來 敖在莒所生。毋音無說音悅。疏祭敬至也。正義曰祭敬謂助祭於

兄弟之家盡其敬也喪哀者謂兄弟死喪之事竭其哀也情雖不同謂內相怨恨情雖不能和同當無絕其愛是相親之道也孟獻子愛之聞於國 獻子穀之子仲孫蔑。聞音問或如字下同蔑亡結反。

或譖之曰將殺子獻子以告季文子二子曰夫子以愛我聞我以將殺子聞不亦遠於禮乎遠禮不如死一人門于句鼆一人門于戾丘皆死 句鼆戾丘魯邑有寇攻門二子禦之而死。遠于萬反下同句七侯反鼆又作黽莫幸反戾力計反

疏注句鼆至而死。正義曰句鼆戾丘有寇攻門不書者服虔云魯國中小寇非異國侵伐故不書也

文十五

[illegible]

曰是敗也孟明之罪也必殺之秦伯曰是孤之罪也周芮良夫之詩曰大風有隧貪人敗類聽言則對誦言如醉匪用其良覆俾我悖是貪故也孤之謂矣孤實貪以禍夫子夫子何罪復使爲政

經二年春王二月甲子晉侯及秦師戰于彭衙秦師敗績〇丁丑作僖公主〇三月乙巳及晉處父盟〇夏六月公孫敖會宋公陳侯鄭伯晉士縠盟于垂隴〇自十有二月不雨至于秋七月〇八月丁卯大事于大廟躋僖公〇冬晉人宋人陳人鄭人伐秦〇公子遂如齊納幣

傳二年春秦孟明視帥師伐晉以報殽之役二月晉侯禦之先且居將中軍趙衰佐之王官無地御戎狐鞫居爲右甲子及秦師戰于彭衙秦師敗績晉人謂秦拜賜之師戰于殽也晉梁弘御戎萊駒爲右戰之明日晉襄公縛秦囚使萊駒以戈斬之囚

呼萊駒失戈狼瞫取戈以斬囚禽之以從公乘遂以爲右箕之役先軫黜之而立續簡伯狼瞫怒其友曰盍死之瞫曰吾未獲死所其友曰吾與女爲難瞫曰周志有之勇則害上不登於明堂死而不義非勇也共用之謂勇吾以勇求右無勇而黜亦其所也謂上不我知黜而宜乃知我矣子姑待之及彭衙既陳以其屬馳秦師死焉晉師從之大敗秦師君子謂狼瞫於是乎君子詩曰君子如怒亂庶遄沮又曰王赫斯怒爰整其旅怒不作亂而以從師可謂君子矣〇秦伯猶用孟明孟明增脩國政重

言文惠出奔不子

也奚齊卓子時皆幼小○夫音扶孺如住反○又將圖寡人如我有不可將復圖我如二孺子○爲爾君者不亦病乎於是殺之然則曷爲不言惠公之入據齊小白入于齊晉之不言出入者踊爲文公諱也踊豫也齊人語若關西言渾矣獻公殺申生文公與惠公恐見及出奔不子當絶還入爲篡文公功足以并掩前人之惡故惠公入懷公出文公入渾皆不書悉爲文公諱故也爲文公諱者欲明文公之功大也語在下懷公者惠公子也惠公卒懷公立而秦納文公故出奔惠公文公出奔不書者非命嗣也○踊音勇豫也言渾戸昆反又戸本反下同**疏**注文公與惠公至嗣也○解云正以同姓之臣尚無去義況於兄子乎且惠公文公庶子假令不去亦不殺之故知去父宜當絶矣齊小白入于齊則曷爲不爲

倫理

棄父之命惡用子矣

宣姜與公子朔構急子宣姜宣公所取急子之妻構會其過惡○構古豆反會古外反公使諸齊使盜待諸莘將殺之莘衛地陽平縣西北有莘亭○公使所吏反莘所巾反壽子告之使行行去也不可曰棄父之命惡用子矣惡安也○惡音烏注同有無父之國則可也及行飲以酒壽子載其旌以先盜殺之急子至曰我之求也此何罪請殺我乎又殺之二公子故怨惠公十一月左公子洩右公子職立公子黔牟黔牟羣公子○飲於鴆反一本以作之洩息列反黔其廉反又音琴疏載其旌○正義曰代之而載其旌蓋旌有志識故也世家云與太子白旄而告盜曰見白旄者殺之或當以白旄爲旌但馬遷演此文而爲之說其辭至郗未必其言可信也惠公奔齊

左桓十六

想當時中生此何罪父之命而孝乃

未應倫常路彼萬之在倫理中

又者中出東奉而支尊在倫常（閔公）（急子代）

圍華萬代而某時而行其某而華在而

三綱六紀

樂記疏引含文嘉 然後聖人作為父子君臣以為紀綱

備採

倫理

父爲子隱子爲父隱

論語

「父母之於子雖有罪猶欲其免也」

穀文十五

倫理

「子嘗不可以反父」

禮記士之子爲大夫則其父母弗能主也使其子主之無子則爲之置後疏　謂大夫之子得用大夫之禮而士不得也

倫行

人盡夫也父一而已胡可比也

左桓十五

倫理

朋友

朋友死無所歸曰於我殯朋友之饋雖車馬非祭肉不拜

鄉黨文

儒程

「廿年長館東觀著作時」

「十年長館東觀成書之」

內則文

倫理

師

人其父生而師教之……

事親有隱而無犯……

倫理

不能乎母者，母之廢之，臣下因從母命 公羊僖廿四天王

居于鄭

解詁

不能乎子絕母 閔二夫人姜氏孫于邾婁　不能乎母 莊元夫人孫于齊

解詁絕文姜不爲不孝，距蒯聵不爲不順，脅靈社不爲不敬，蓋重本尊統，使尊行於卑，上行於下

〻〻但當推逐去之，亦不可加誅，誅不加上之義

倫理

以子代父死非丈夫之義然其法貴

公昭世時語

倘理

救國之誠揭父之要手也

以蘇五節無子玉胡語

倫理

「弟子賓黨主黨年穉者也」

投壺注

倫理

子事父於於莫多文王於於王季者三

非常禮

公文六年告月

父母之於子雖有罪猶若不欲其[illegible]

服罪然

公文十五

倫理

「親」父母也」

問喪親始死注　疏「凡云親者包之五服之

以此經是哀之甚故知父母也」

倫理

「三十以下無父稱孤」

深衣鄭注

倫理

刑不隱親

右昭十四晉邢侯條　勉素此等大義滅

親同義

倫理

愚孝

申生

急子壽子 左桓十六

宋夫人將殺公

人皆天之子

穀梁之[illegible]獨陰不生獨陽不生獨天不生三合然後生故曰母之子也可天之子也可

桀紂即天殺其子當日誅之義　石齋

曰四天之愛民甚矣豈其使一人肆於民上以從其淫而棄天地之性必不然矣　桂同生

「君令臣共　父慈子孝　兄愛弟敬　夫和妻柔　姑慈婦聽」

左昭廿六晏子之言

禮運：父慈子孝兄良弟ゝ夫義婦聽　長惠幼順君仁臣忠

君臣

「君於其臣雖爲賓不親獻」「天子膳夫爲獻主」

燕禮以賓升自西階主人亦升自西階位「主人宰夫也」

君臣

寄公爲所寓服齊衰三月

儀禮喪服傳「言与民同也」

君臣

諸侯之臣亦呼君曰子

詩子之湯兮宛丘之上兮疏

主上通天子諸侯下含卿大夫而君也

下世禮民擬王器疏

楚之僭王號縣尹稱公故呼卿為君　之家

臣稱王為君云

左君治於郊鄂以御禦の邑疏

君臣

「公卿大夫、室老士貴臣其餘皆衆臣也」

喪服傳

君臣

避嫌

郊特牲大夫之臣不稽首非尊家臣以辟君也

燕義不以公卿為賓而以大夫為賓為疑也明

嫌之義也

又曰

「讀天子爲〻公下隋御覽序古夫興序

武凡」

並當亦得諸疏是以等升說文

天臣

出席已先國執獲臣下為隨天事之未

先國

以情共解語

君臣

諫

表記子曰事君遠而諫則讇也近而不諫則尸利也

子曰事君欲諫不欲陳……

强諫等亦見荀子臣道篇

君臣

原君

管子君臣下

「宓山」一善不可以言情於臣，臣言情於乃見廿簡

乃不密則失臣，臣不密則失身，幾事不密則

害成可參

當參漏言殺陽處父，公羊文六。穀梁同，曰

「故士造辟而言，詭辭而出」

魯昭謀逐季氏，告子家懿伯，「公退」之，辭曰臣

與聞命矣，言若洩，臣不獲死，乃館於公。左昭廿五

管子九守：人主不可不周，人主不周則羣臣下亂，寂乎其無端

也，外內不通，安知所怨，關閉不開，善否無原

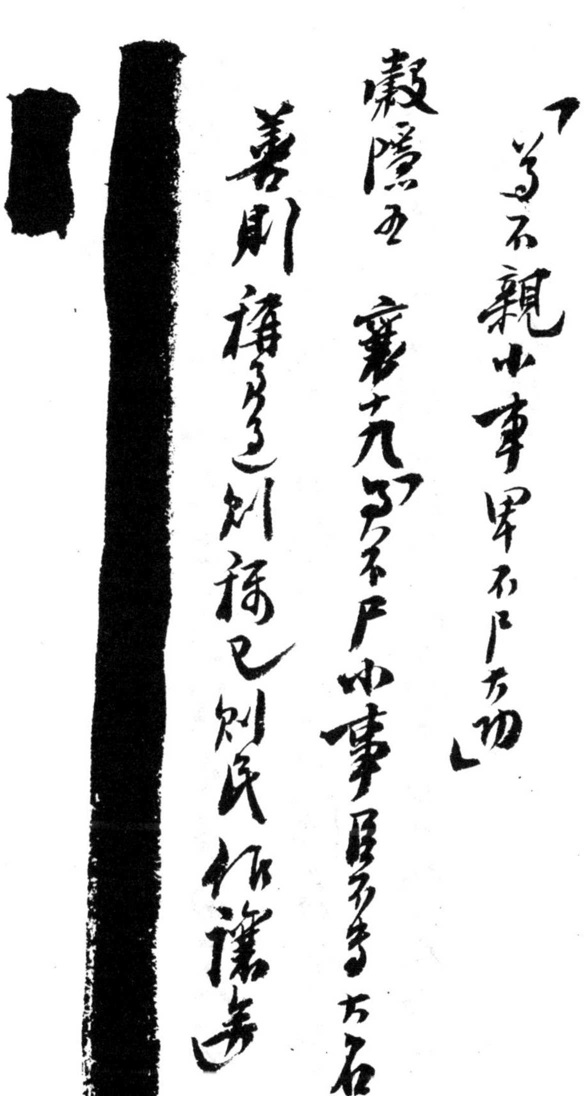

一人

偽太甲下一人元良正義䟽天子為一人以其義有二一則天子自稱一人是為謙辭言己是人中之一人耳一則臣下謂天子為一人是為尊稱言天下惟一人而已

天子　天命

召誥「皇天上帝改厥元子茲大國殷之命」

又「有王雖小元子哉」

又「我不敢知曰有夏服天命惟有歷年……」

又「嗚呼若生子罔不在厥初生自貽哲命今天其命哲命吉凶命歷年知今我初服宅新邑肆惟王其疾敬德王其德之用祈天永命」

又「上下勤恤……祈天永命」

列國有凶稱孤 左莊十一

僖四与不穀同好如何

襄十三病之稱不穀

君臣一體

管子君臣上篇：君明相信，五官肅，士廉，農愚，商工愿，則上下體

管子君臣上：智材聰明者，下之職也；所以用智材聰明者，上之道也。上之人明其道，下之人守其職，上下之分不同任，而復合爲一體。

又言：天材者，德之本也；官治者，耳目之制也。

復命於殯

聘禮「歸，執圭復命於殯」，注「復命於殯者，臣子之於君父，存亡同」。

自稱於君

儀禮士相見禮：「凡自稱於君，士大夫則曰下臣，宅者（注：謂致仕者也）在邦則曰市井之臣，在野則曰草茅之臣，庶人則曰刺草之臣，他國之人則曰外臣。」

案：萬章下：「孟子曰：在國曰市井之臣，在野曰草莽之臣，皆謂庶人。庶人不傳質為臣，不敢見於諸侯，禮也。」似與此異。

臣子一例

公羊僖元「公何以不言即位繼弒君子不言即位此非子也其稱子何臣子一例也」

爭臣 爭子 爭友

荀子子道 魯哀公問節

諸侯失政

襄公三年雞澤之会諸侯盟大夫又相与私盟　八年邢丘之会季孫宿会諸侯鲁失政　十六年湨梁諸侯会大夫盟　以上見穀梁

言莫予違

韓非難一「晉平公與羣臣飲飲酣乃喟然

歎曰莫樂爲人君惟其言而莫之違」

「古之大夫束脩之問不出竟」今之大夫交政於中國」

檀弓上

君命

表記故君命順則臣有順命君命逆則

臣有逆命

「夫堅至曰所謂臣義而不待命甘其與之

謂逆也」右定の

君於臣不名者五

見公羊桓四解詁兼與白虎通王者不臣篇

參看

君臣

「君臣道君更道」

十月之炎毛侍

君臣

諫有五

公羊莊公廿四年曹羈出奔陳解詁

君臣

邀君側東人無多命以難言之隱知其
意錄其將去者而教之君子誅意不
誅事

出羊定之十三　趙鞭遐萬賓士吉村　王襄元

周宗彭彭咸陳恭看

亡國之道

宋微子世家　太師若曰今誠得治國國治身死不恨為死終不得治不如去遂亡　箕子曰為人臣諫不聽而去是彰君之惡而自說於民吾不忍為也乃被髮詳狂而為奴　比干曰君有過而不以死爭則百姓何辜　微子曰父子有骨肉而臣主以義屬故父有過子三諫不聽則隨而號之人臣三諫不聽則其義可

（亦見下曲禮為人臣之禮不顯諫蓋為此）

（事紂親師隱親之異見權于上）

（亦見下曲禮）

以来矣　兼論猶引孔子曰殷有三仁焉

曹羈ハ三諫不従遂去之者ト云子ハ曹ノ臣ニ義ニシ

公羊荘公ノ

公山不狃曰ヘ子違不適讎國未臣而代ヘ奔

命焉死之可也所託也則隱ハ　左哀

越竟乃君臣義絶ヲ不討賊ニ　左宣

且出怨言不食其食　左僖ノ　介之推

古者大夫已去，三年待放。公羊宣元　檜風羔裘序箋

以道去其君，待放於郊，得玦乃去。

疏：宣二年穀梁傳稱趙盾〻〻出亡至於郊〻〻

而言明古大夫待放在於郊也〻〻荀卿書云：聘

士以圭，復士以璧，召人以瑗，絕人以玦，反絕以環。

〻〻此謂古大夫去國踰竟，三月而後服此

箋言待放於郊，禮記言踰竟，公羊〻〻言待

放三年，禮記言三月，此禮記〻〻語既得玦〻〻

大夫爲舊君服齊衰三月　一喪服傳語以達去君

而猶未絕其君埽其宗廟則其　儀禮傳　此一

未絕其爵祿者也民列於朝未去者猶於國

爲舊君民之一「仕焉而已者也」傳語云蓋君廢

疾而致仕者一則待放未去者也其已去者書

此舊服若書

與民同長子已去可無服喪服齊衰三月章凡此三條

爲舊君反服　檀弓下穆公問子思　孟子離婁下

仕於公而爲舊君服自宋仲尼見禮記下

爵祿有列於朝，出入[illegible]於國，見下世禪
串賢者之為猶莫及見其華莊公
表記：子曰：事君三違而不出竟，則利祿也。人雖曰不要，
吾弗信也。

君臣

以策名委質　名在重耳　左僖廿三

受君之禄是以聚黨有黨而爭罪孰大焉　左成七

專禄以周旋戮也　左襄廿六

踐不臣同君之土敢同其人　左襄廿六　民萬而及此更以

天府與　襄卅　の膝君之無所往　昭十　非我生氣哉

其從之　昭元　東此皆同義各盡之義

天子經略諸侯正封上略之内何非君土食土之毛誰非君臣

君臣　左昭七　東下又引詩普

天之下莫之則其疑得矣

諺曰臣一主二　左昭十三　東之則擇而即此義

君臣

君子違不適讎國未臣而有伐之奔命焉死之可也 左哀八

家臣而欲張公室罪莫大焉 左昭十四

嫠婦復讎 左昭十九高發伐莒

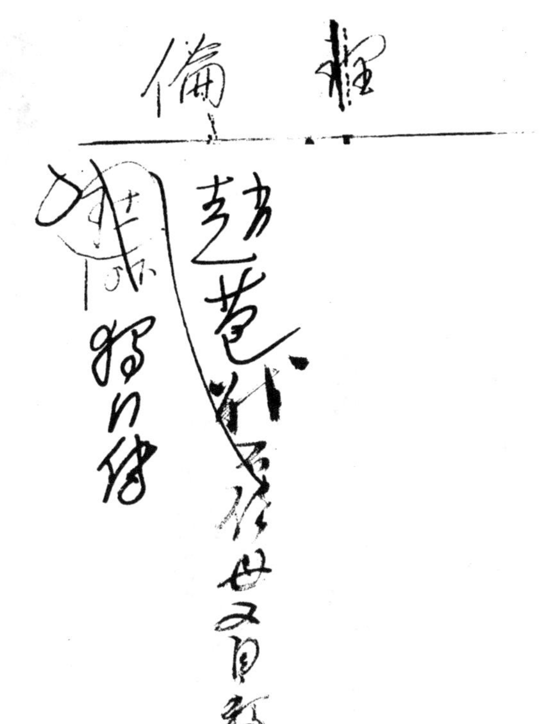

厚於人補其

喜見人受苦

今以同情心代輕蔑見人痛苦

道德

絕人逃世之感，文明人乃有之，非人之本性也。家族增殖綿其民以發展，人之爲社會之本性也。

倫理

游牧部落之社會爲之族曰祖父其子

則老少級甘皆下級之其母也

此則其母非人的心理而由社會觀

結果

立處皆真隨處為主

禪之益也　立處既真用處得力　常知皆相對的覺其非故平時不妄臨事很損　禪如盤中珠任迴轉不顛覆

祖元曰看破這一念一切皆無惱一切皆無怖猶如著重甲入諸魔賊陣魔賊雖衆而不被魔賊害掉臂魔賊中魔賊皆降伏

禪視生死如一日　古來一句無生無死萬里雲靜青長江水清